C000182885

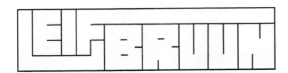

- at leve livet levende

Psykisk udvikling - er
et spørgsmål om at vikle sig ud af noget,
man tidligere har viklet sig ind i!

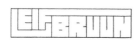

Bogoversigt

Ledelse	*Så vidt jeg husker*
For resten ...	*Operation læserbrev*
- at leve livet levende	*Beddes de bedste*
Det menneskelige væsen	*Operation debatstorm*
Historiske tidslinjer	*Familiedata (leifbr.dk)*
Smederim og brokker	

Præsentation af bøgerne og øvrige oplysninger
kan du se på min hjemmeside

Leif Bruun – 2017
leifbr@leifbr.dk
www.leifbr.dk

Mangfoldiggørelse af denne bog eller dele deraf er i henhold til gældende dansk lov om ophavsret ikke tilladt uden forudgående skriftlig aftale.

© *2019 – Leif Bruun*
Forlag: Books on Demand – København, Danmark
Fremstilling: Books on Demand – Norderstedt, Tyskland
Bogen er fremstillet efter on-Demand-proces

ISBN 9788743013860

Indholdsfortegnelse

Indledning

Målet er - at leve livet levende,
udviklende og kærlighedsrigt
i medgang såvel som i modgang!

Denne målsætning satte jeg mig i begyndelsen af 90'erne. Formuleringen har jeg ændret på hen ad vejen, men meningen har hele tiden været den samme. Målsætningen er en konsekvens af, at jeg ikke mere ville acceptere mit liv, som det udviklede sig. På daværende tidspunkt gjorde jeg mig ingen forestillinger om, i hvor høj grad jeg var psykisk hæmmet og hvilket kæmpe udviklingsarbejde, der lå foran mig.

Under hele denne udviklingsproces, har jeg været flittig til at gøre notater. Både om det jeg gennemlevede, hvordan jeg oplevede det, og hvilke erkendelser jeg gjorde undervejs. Notaterne og bearbejdningen af dem var ganske enkelt et led i min udvikling, fordi jeg på den måde omsatte den forøgede viden, jeg fik om mig selv til større forståelse og dermed accept af det liv, jeg har levet.

At jeg derudover har redigeret det hele sammen til denne bog, er fordi jeg forestiller mig, at mit livsmønster er genkendeligt for mange, og fordi jeg har gennemlevet et udviklingsforløb, som ingen andre.

Det sidste er selvfølgelig en påstand, jeg ikke kan dokumentere. Men i alle årene har jeg ledt med lys og lygte efter andre, der har gennemført noget tilsvarende, og det er aldrig lykkedes. Og når jeg har fortalt om min teknik med at forløse indestængte følelser, er der mange, der har sagt, at det

er det samme som det og det. Men når jeg så har undersøgt det, har det vist sig at være noget helt andet.

Derfor har jeg valgt efter bedste evne ærligt og reelt at beskrive mit udviklingsforløb, så kan dem, der ønsker det, danne deres egen opfattelse.

Jeg må nok hellere præcisere, at denne bog – *at leve livet levende* er opstået parallelt med en anden bog, nemlig *Det menneskelige væsen*. Simpelthen fordi jeg fandt det nødvendigt at skille det ad, så det i denne bog er det mit personlige udviklingsforløb, det drejer sig om, og i *Det menneskelige væsen* er det hele det teoretiske grundlag for, hvordan opstår indestængte følelser, hvad gør de ved os, og hvordan bliver vi dem kvit igen, det drejer sig om.

Min hensigt med – *at leve livet levende* er således at formidle mine oplevelser og erfaringer med psykisk udvikling. For jeg er overbevist om, at det på tilsvarende vis kan være til gavn for masser af andre i denne verden - fyldt med psykisk uligevægtige mennesker.

Livsforløb

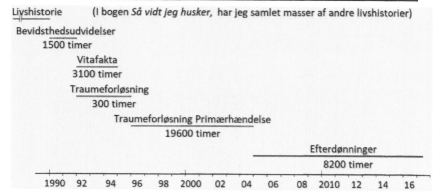

Livshistorie   (I bogen *Så vidt jeg husker,* har jeg samlet masser af andre livshistorier)

Bevidsthedsudvidelser
1500 timer
Vitafakta
3100 timer
Traumeforløsning
300 timer
Traumeforløsning Primærhændelse
19600 timer
Efterdønninger
8200 timer

1990   92   94   96   98   2000   02   04   06   08   2010   12   14   16

Først min livshistorie indtil 1990 – i overskrifter: Det hele startede for efterhånden alt for mange år siden i Esbjerg. Der er jeg født, opvokset og har taget min uddannelse. Først som håndværker, senere som maskinmester. Med det i bagagen drog jeg ud i den store verden. Først et par år som officer i Søværnet med rednings- og inspektionsskib til Grønland og Færøerne, efterfølgende et par år i handelsflåden. Så blev jeg forelsket og gift, hvilket blandt meget andet lykkeligvis medførte 2 børn. Det fik mig til at indskrænke mit univers til det jyske. Det blev nødvendigvis på landjorden, hvor jeg gennem årene har haft flere spændende jobs. Mit hovedjob må siges at være de 12 år, jeg var teknisk chef på et stort slagteri ved Give.

Så flot er min livshistorie. Men dykker man ned under overskrifterne, tegner der sig også et helt andet billede. Jeg blev dybt traumatiseret allerede ved fødslen. Det vender jeg selvfølgelig tilbage til og beskriver helt grundlæggende. Men lige nu fortsætter jeg med mit livsforløb:

Den voldsomme fødselsoplevelse har forfulgt mig hele livet og gjorde mig til en underlig snegl. Tavs, indadvendt, genert og håbløs i sociale sammenhænge. Den tavse dansker, er min opfattelse af mig selv i perioden frem til 1990.

Det, der gør, at mit liv trods alt har været en succes – for det vil jeg påstå, det har været – er, at jeg altid har været god til at bruge hænderne, at jeg er kvik oppe i hovedet, god til at regne den ud og til at få andre til at bestille noget. Det er egenskaber man sætter pris på i erhvervslivet, og det er der, jeg har opnået mine succeser.

I 1990 mødte jeg på alle planer så meget modstand på én gang, at mit liv faldt sammen, som det korthus, det vitterligt var bygget op af. Inden for en kort periode ændrede det sig fra, at jeg var ægtemand, familiefar og karrieremenneske til, at jeg blev fraskilt, alene og arbejdsløs og faldt psykisk langt ned i kulkælderen.

I den situation var der mange, der trøstede mig med, at med så mange ulykker på én gang er det naturligt, at man får et psykisk knæk, og den undskyldning brugte jeg også over for mig selv i lang tid. Men i dag ved jeg, at det var ikke sådan, tingene hang sammen. Det, der skete, var at hele min traumatiske fortid indhentede mig - og hele min omhyggeligt opbyggede verden faldt sammen.

Ikke for at dramatisere min psykisk nedtur yderligere, men blot for at konstatere, at jeg var helt der nede, hvor der normalt kun er de udveje der hedder: alkohol, stoffer, psykiatrisk svingdørspatient og/eller selvmord.

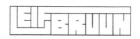

Bevidsthedsudvidelser

Indtil 1990 var jeg overbevist om,
at det var de andres skyld,
når jeg havde det psykisk dårligt.
Til sidst havde jeg det så dårligt,
at jeg var nødt til at flytte fra alt og alle
til en ny egn af landet.
Ét år senere måtte jeg erkende,
at aben var flyttet med mig.
Både privat og arbejdsmæssigt stod jeg igen
i uoverskuelige problemer,
der til forveksling lignede de tidligere.
Det var altså mig, der var noget galt med,
konkluderede jeg.
Herefter påtog jeg mig skylden for
alverdens ulykker
og røg helt ned i kulkælderen.
Først da jeg erkendte,
at det slet ikke har noget med skyld at gøre,
fik jeg mulighed for at konfrontere mine
virkelige problemer.

I 1990 havnede jeg i en lille lejlighed i Ribe, hvor jeg ikke
kendte nogen. Arbejdsløs, alene og økonomisk ruineret. Jeg
anede ikke, hvad jeg skulle stille op med mig selv. Det var
første gang i mit liv, jeg var arbejdsløs, men jeg orkede ikke
at søge jobs. Det meste af tiden sad jeg bare i mit sofahjørne
og stirrede tomt ud i luften. Det oplevedes så trist og tørt,
som det støvede inde i hovedet.

Lægen havde jeg haft samtaler med. Han var meget inte-
resseret i, om der var andre i min familie, der havde haft
psykiske problemer. Det kunne jeg i høj grad bekræfte ham

i. Endogen depression, lød dommen. Inde i mig blev det oversat til, at jeg havde en genetisk defekt, som jeg måtte leve videre med. Lægen havde ingen hjælp at tilbyde. Og tilskud til psykolog kunne der ikke blive tale om. Dertil havde jeg tidligere haft for store indtægter.

Mit store held var, at når jeg var deprimeret kunne jeg ikke tåle spiritus. Bare en halv øl var nok til at jeg blev dødtræt og kun ønskede at sove. Så alkoholiker var ikke vejen. Og de tidligere nævnte muligheder havde jeg ingen ønsker om.

Ind imellem depressionsanfaldene havde jeg nogle lysere stunder, hvor jeg tænkte mere konstruktivt og kom frem til, at en stor del af mit sociale liv var gået mig forbi. Jeg besluttede derfor, at min nyvundne frihed (arbejdsløs og alene) skulle udnyttes til at indhente det forsømte.

Jeg søgte altså efter noget, som jeg ikke vidste, hvad var. Men jeg kunne jo se, at andre mennesker hyggede sig med det – alt det, som jeg var bange for. Jeg besluttede derfor at kaste mig ud i det. Længerevarende og korte højskoleophold - hvor jeg hele tiden valgte de fag, som lå mig mest fjernt: Drama, musik, filosofi og lignende. Jeg havde aldrig lært at danse - så tog jeg danseundervisning og meldte mig til folkedans. Jeg havde aldrig sunget - så tog jeg sangundervisning og meldte mig til korsang. Alle mulige bevidsthedsudvidende kurser skulle afprøves.

Denne bevidsthedsudvidende periode stod på i 2 år. Det er svært at sige, hvad jeg fik ud af det, men det lukkede i hvert fald op for en ny side af livet, jeg slet ikke havde kendt. Det stod mig også klart, hvorfor jeg havde valgt en så teknisk levevej, som jeg havde gjort. Maskiner har ikke følelser, så dem kunne jeg takle på min egen måde. Men hvor er livet dog fattigt, når man udelukker (indestænger) følelser.

- at leve livet levende

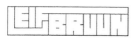

Omvendt må jeg også indrømme, at det krævede meget mod og energi af mig for at deltage i ovennævnte aktiviteter, og jeg blev aldrig dus med dem. Jeg følte mig stadig som en elefant i en glasbutik.

Det sidste jeg gjorde i denne periode, var at deltage i et weekendkursus i livskvalitet. Kurset i sig selv gjorde ikke det store indtryk på mig. Men det gjorde kursuslederen. Hun hed Pernille og havde en utrolig udstråling - og nærvær samtidig med.

I en pause talte jeg med hende. Og da hun havde hørt min historie om tristhed og indesluttethed, sagde hun, at hun troede ikke på, at jeg havde genetiske defekter, men at jeg tidligere i mit liv måtte have været udsat for noget traumatisk, og at det var de indestængte følelser fra dengang, der igen og igen kom op og væltede min nutid.

Hun fortalte også, at hun arbejdede for et livskvalitetscenter i Nordsjælland, der hed Vitafakta, og at de havde nogle effektive værktøjer til at forløse indestængte følelser. Det valgte jeg at tro på, og få dage efter var jeg på mit første Intensivforløb i Vedbæk.

Hermed var min søgen forbi ...

- at leve livet levende

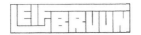

Vitafakta

Psykisk udvikling – er
et spørgsmål om at vikle sig ud af noget,
man tidligere har viklet sig ind i!

Vitafaktafolkene står jeg i evig taknemmelighedsgæld til. De har kort og godt reddet mit liv. At det var sandt, hvad Pernille havde fortalt mig, blev jeg overbevist om allerede på de første dage af Intensivforløbet. Kurset strakte sig over 8 dage, hvor man fra tidlig morgen til sent aften arbejdede koncentreret med sig selv. Dagene var inddelt i 1,5 timers forløb med korte pauser imellem. Flere gange dagligt foregik det som enetimer, andre gange som gruppeundervisning, tilstedeværelsesøvelser hvor kursisterne arbejdede parvis og med læse- og skriveopgaver.

Det helt afgørende for mig var, når jeg havde enetime med forløsning af indestængte følelser. Det foregår med en simpel proces, kaldet *Traumeforløsning*, hvor man er i stand til at arbejde sig baglæns ned ad sit tidsspor til det tidspunkt, hvor de indestængte følelser opstod, og derved bliver i stand til at forløse dem. Det er en ubeskrivelig lettelse, når det sker. Som at blive født på ny, er vel det nærmeste, jeg kan komme det.

Og det er altså ikke mirakler, jeg taler om. Jeg var blevet forklaret, at psykisk udvikling er en længerevarende proces med hårdt tålmodighedsarbejde. Men bare det at opleve lettelsen og få vished for, at hvis jeg ville gøre indsatsen, var der er lys forude, giver kæmpekræfter i sig selv.

- at leve livet levende   *13*

Så de næste år opholdt jeg mig så meget som det overhovedet var muligt i Vedbæk. I begyndelsen arbejdede jeg udelukkende med mig selv, men efterhånden gled jeg over i en uddannelse, hvor jeg også arbejdede med andre. Simpelthen ud fra den filosofi, at om man er instruktør i sit eget liv eller i andres, i princippet er det samme. Og at opleve udviklingen fra begge sider, er en effektiv måde at arbejde på. Alene det, at man opdager at man ikke er det eneste menneske i verden, der har uligevægtigheder, gør en stor forskel.

I Vitafaktaårene blev det efterhånden mange gange, jeg meddelte familie og venner, at nu tog jeg på Intensivkursus i Vedbæk. Det lød som noget vældig fornemt. Det var det ikke:

Det nærmeste jeg kom Vedbæk, var, når jeg stod af toget på Vedbæk Banegård. Derfra tog jeg bussen til forstaden Trørød. Her havde Vitafakta et parcelhus med en tilhørende stor grund. På den lå der i spredt forvirring cirka 15 små træhuse og campingvogne af forskellig størrelser og kvalitet.

På grund af de mange enetimeforløb måtte vi nødvendigvis bo hver for sig. Derimod var køkken, bad og toilet fælles. Disse faciliteter var udendørs – godt nok under et halvtag, men alligevel. Så om vinteren gjorde varmt tøj, tæpper og griselamper underværker. Kun når frosten umuliggjorde vandforsyning, blev vi inviteret indenfor i parcelhuset til det mest fornødne.

Maden stod vi selv for. Provianteringen foregik ved hver 4 dag at spadsere op til Trørød Brugs og købe det mest nødvendige. Da vi havde forskudte arbejdsplaner, lavede vi mad hver for sig.

Jeg boede ofte i 'Det hvide Hus', når jeg var i Trørød. Hvorfor det hed sådan, fandt jeg aldrig ud af. Men det var lige stort nok til en seng, et lille arbejdsbord og 2 stole.

Jeg benyttede alle lejligheder til at komme til Trørød. Det normale var 8 dage ad gangen. Men det kunne også være en forlænget weekend, måske udvidet med helligdage og i ferien i op til 3 uger. Nogen gange var vi op til 20 kursister ad gangen, oftest færre, og ikke sjældent var jeg der helt alene.

Jeg skal gerne indrømme, at de første dage efter jeg kom hjem efter et længere ophold, følte jeg mig helt skæv i kraniet og havde svært ved at tale med 'almindelige' mennesker.

I dag ser jeg anderledes på det: De første dage efter et ophold var jeg for første gang i mit liv ikke skæv i kraniet. Mit problem var derimod, at jeg ikke var vant til at være mig selv!

Mine mange besøg hos Vitafakta gjorde, at jeg oftest meldte afbud til familiens traditionelle sammenkomster. Det gjorde, at især min mor blev nervøs på mine vegne - og rygter om, at jeg var blevet opslugt af en sekt, begyndte at svirre.

- at leve livet levende

15

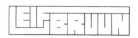

Det skal jeg for så vidt ikke bebrejde familien, for det tangerede vel noget i den retning. Men for mit eget vedkommende var det nu anderledes enkelt: Jeg havde fundet 'noget', der kunne bringe mig ud af mine depressive tåger, og det skulle udnyttes fuldt ud.

Men for at berolige familien levede jeg en beskrivelse, *Intensivforløb* af, hvad det var, jeg lavede. Den gjorde så godt nok mere skade end gavn, men det er en anden historie. Men selv i dag er det den bedste måde, jeg kan beskrive det på. Så derfor bringer jeg den efterfølgende.

Men vær lige opmærksom på, at den er skrevet i begyndelsen af mit udviklingsforløb i 1993, og er bibeholdt med den umiddelbare begejstring og entusiasme, jeg overvældedes af, da det gik op for mig, at det overhovedet nyttede noget at gøre en indsats. Pludselig havde jeg vished for, at jeg ikke led af nogen uhelbredelig sygdom. Hvis bare jeg ville gøre indsatsen, kunne jeg arbejde mig igennem problemerne.

De efterfølgende kapitler, *Genkaldte fortrængninger* er udtryk for, at efter den indledende berusende fase kommer arbejdsdagen. Det er der, hvor psykisk udvikling bliver til benhårdt og langvarigt tålmodighedsarbejde, hvor man får brug for hele sin viljestyrke og hele sit følelsesregister. Men det er også udtryk for, at dette arbejde er for intet at regne, mod den berigelse det er trin for trin at lære sig selv at kende og opleve livet mere og mere levende.

> Vejen ud er vejen igennem,
> som ejeren af Vitafakta,
> Inger Marie Haut sagde.

Intensivforløb

Mit Intensivforløb begyndte for 2 år siden i 1990. Den udvikling og de oplevelser jeg indtil nu har haft, vil jeg beskrive nærmere i det efterfølgende. Forinden vil jeg dog gøre opmærksom på, at selv om min livskvalitet i denne periode er forøget på forunderlig vis, er det hele foregået på en sund og naturlig måde, og jeg er på ingen måder blevet frelst. Jeg er blot fortsat på vej på min rejse.

1. Forberedelse: Jeg gik rundt på min arbejdsplads. Jeg var alene, fordi det var den 1. maj, og alle andre havde fri. Den dag blev det hele bare alt for meget. Jeg græd - for første gang i mit voksenliv. Det var der, jeg tog beslutningen:
- Nu skal det være.
   Den beslutning havde jeg også været mange år om at tage. Nogle dage senere opsøgte jeg min læge, fordi jeg følte mig deprimeret og usikker. Da jeg havde fortalt ham om den ulykkelige situation, jeg stod i, sagde han:
- Så kan jeg godt forstå, du er deprimeret.
   Det ku' jeg så'n set godt se, han havde ret i.

2. Forberedelse: Den 17. december samme år var jeg igen hos lægen. Denne gang fortalte jeg ham, at nu troede jeg ikke længere på, at det var andres skyld, at jeg var i den ulykkelige situation og var deprimeret.
   Det ku' han så'n set godt se, jeg havde ret i. Herefter lykkedes det hurtigt lægen at overbevise mig om, at jeg var syg. Diagnosen blev endogen depression, og jeg fik nogle humørstabiliserende piller med hjem.

3. Forberedelse: Siden begyndelsen i maj måned var jeg meget søgende. Jeg vidste, der var noget, der gik mit liv forbi. Men hvad var det? Og hvor skulle jeg finde det?

- at leve livet levende   *17*

Jeg undsagde mig efterhånden flere og flere af tilværelsens faste holdepunkter. Herunder også for første gang i mit liv det at have et arbejde. En stor del af tiden var jeg arbejdsløs. Det var ikke arbejde, jeg søgte. Derimod kastede jeg mig ud i alle mulige bevidsthedsudvidende kurser og projekter.

<u>4. Forberedelse:</u> Den 14. november året efter kom jeg under min søgen i kontakt med en pige, der hedder Pernille. Hun overbeviste mig om, at misfølelser og adfærdsproblemer ikke skyldes nogen sygdom, men hænger sammen med noget traumatisk, man slæber rundt på. Endvidere forklarede hun, at hun arbejdede for et livskvalitetscenter, og at de havde nogle effektive værktøjer, for dem der ønskede at arbejde sig igennem disse problemer. Det valgte jeg at tro på, og dermed var mine forberedelser tilendebragt.

<u>Intensivforløbet:</u> Det startede en måned senere den 14. december, hvor jeg mødte til mit første intensivforløb på livskvalitetscentret.

I det efterfølgende vil jeg forklare, hvordan man arbejder med sig selv under et sådant forløb, men for at gøre det forståeligt, er der nogle grundlæggende forhold, jeg sideløbende er nødt til at forklare. Bl.a. at det komplette menneske består af en sjæl, et sind og en krop:

- ## Sjæl

> Sjælen er min livskraft og livsvilje,
> det jeg tror på,
> min etik og ansvarlighed.
> Kort sagt mine holdninger og min personlighed.

Andet og mere er en sjæl ikke.

I alt hvad jeg har oplevet med livskvalitetscentret, har de betragtet min personlighed og mine holdninger som forbudt område for dem. Aldrig nogensinde har de forsøgt at påvirke mig på nogen måde. Omvendt er også instruktørernes sjæle forbudt område for mig. Denne professionalisme holder de så skarpt, at selv med min store nysgerrighed ved jeg i dag stort set ikke andet om de forskellige instruktører, end at jeg kender deres fornavne og udseende. Det er netop dette 'upersonlige' forhold, der gør, at man er i stand til at arbejde så tæt og intenst.

Det er egentlig utroligt, man får så meget ud af forløbene, for instruktørerne fortæller ikke noget. Jeg kan næsten i overensstemmelse med sandheden påstå, at de ikke har lært mig noget, jeg ikke vidste i forvejen. Til gengæld har de lært mig at forstå det, jeg ved.

Kurserne er bygget op med hovedvægten lagt på enetimeprocesser og tilstedeværelsesøvelser, suppleret med decideret kursusarbejde og konkretisering af oplevede situationer. Med andre ord instruktørerne har nogle værktøjer, de stiller til rådighed, arbejdet må man selv gøre.

For at anskueliggøre forholdet mellem sjælen og sindet er der 2 begreber, jeg vil forklare nærmere:

- Tilstedeværelse ~ er at være til stede her og nu - konfronterende - med den samlede sum af sine kvaliteter.
- Afstand ~ vil helt elementært sige, at hvis man vil forstå sine problemer, må man være i stand til at skabe den rigtige afstand til dem.

Sidder man fx med næsen helt inde i fjernsynet, er man kun i stand til at se en masse udflydende farver, og den tilhørende lyd giver ikke nogen sammenhæng med dette. Men

flytter man lidt på afstand, er det sandsynligvis en menings-fyldt udsendelse, man overværer. Når folk står over for store beslutninger, hører man ofte:
- Det skal jeg lige sove på.

Det er også en måde at skabe afstand på - uden at jeg dermed skal påstå, at man kan komme sovende til noget som helst andet end søvn og afstand.

I situationer hvor man føler sig presset, tror jeg, de fleste kender til, at man spekulerer som en gal, får ikke sovet om natten og kan efterhånden ikke finde hoved og hale på noget som helst. Tankerne vælter frem uden ophør, man kan ikke få afstand til dem, forstår dem ikke, bliver bange, lytter ikke til sig selv. Det hele virker selvforstærkende, man er fanget i sit eget tankespind, tankerne kører i ring, man kommer ingen vegne.

Min oplevelse af et intensivforløb kan sammenlignes med ovenstående men med den fundamentale forskel, at her er jeg i trygge omgivelser og lytter til mig selv og min intuition. Under kyndig vejledning ser jeg på mine problemer fra flere indfaldsvinkler. Det giver afstand og konfronte-ring.

En af måderne at skabe afstand og samtidig konkretisere sit problem på er at vælge den aktuelle situation og lægge den ud i en demo. I alt sin banalitet vil det sige, at man for-klarer situationen overfor en instruktør samtidig med, at man lægger nogle dimser og duppeditter ud på bordet. Og minsandten, det, at man har en tilhører og samtidig får masse på sit problem, gør - den ene gang efter den anden - at der går et lys op for en.

Med andre ord jeg arbejder på højtryk med mig selv, men med den forskel til førnævnte situation, at i stedet for mu-skel- og mavekramper føler jeg mig behagelig afslappet, og alligevel opstemt, sprudlende og klar.

Jeg fanger mine følelser og tanker
i det øjeblik, de opstår.
Det er ikke altid, jeg forstår dem,
men jeg anerkender dem, for de er mine.
Jeg ved, de kommer igen i en ny sammenhæng
i en anden afstand.
En skønne dag har de den rigtige afstand.

- **Sind**   Sindet er vores personlige computer, der består af en lagerenhed, en styreenhed og en regneenhed (cpu'er). Desuden er der tilkoblet en hukommelse (harddisk) indeholdende alle vores historiske og erfaringsmæssige data.

Lagerenheden indeholder vores helt personlige data og programmer. De medfødte data (ROM-enheden) har vi ingen indflydelse på, hvorimod vores personlighedsdata (RAM-enheden) ændres og udvikles livet igennem.

Styreenheden styrer blandt andet processerne i alle vores organer, og sammen med regneenheden (PID-regulator) reguleres deres mange funktioner. Fx måles iltmængden i blodet, og ud fra det reguleres puls og åndedræt.

De fleste af disse funktioner udføres automatisk uden om bevidstheden. Men åndedrættet fx kan håndbetjenes. Det er vældig praktisk, når man synger. På den anden side er det livsfarligt ikke at trække vejret, og man kan ikke sådan uden videre lade bevidstheden være herre over liv og død. Til den slags nødsituationer er der et overstyringsprogram, der slår håndbetjeningen fra.

Regneenheden benyttes fx, når man betaler ved købmanden.

- at leve livet levende   *21*

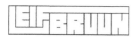

Hukommelsen er opdelt i mange afdelinger, heraf kan næv-
nes korttidslageret, erfaringslageret og historielageret.
Korttidslageret bruger man løbende dagen igennem, idet
der hele tiden kommer nye data ind og ud. Bevidstheden
står konstant i forbindelse med dette lager, sanserne (ind-
data) samt kroppen (uddata). Nogle data tabes hurtigt, andre
knyttes med en direkte forbindelse til familiære datagrup-
per.

I løbet af en dag kan det give utallige forbindelser, hvor-
ved computeren kommer til at virke langsommere. Det er
de forbindelser, der bliver udflettede (defragmenteret) om
natten, når man sover. Så erfaringslageret er opdateret om
morgenen, og korttidslageret er frisk til en ny dag.

Korttidslageret er tilkoblet et program med automatik-
funktioner. Fx når jeg kommer hjem, parkerer jeg min bil
på den ene side af huset, hvis der er plads. Ellers må jeg
køre om på den anden side. Det har jeg gjort hver dag i over
2 år uden at tænke over det, og alligevel går jeg hver gang
til den rigtige side, når jeg skal hente min bil[1].

At dataene bliver lagret på korttidslageret, er jeg sikker
på, for bliver jeg spurgt om på hvilken side af huset, jeg
parkerede i forgårs, så aner jeg det ikke. De data er smidt
ud for evigt.

Erfaringslageret er det store og rummelige, der sagtens kan
rumme den lærdom og de erfaringer, man har gjort i årenes
løb. Det bliver løbende ajourført med nye data og kasserede
data smides ud. Man har jo et standpunkt, til man ta'r et nyt.
Onde tunger påstår for øvrigt, at man mister 50.000 hjerne-
celler (bits) pr. brandert.

---

[1] I dagene efter jeg skrev dette, var jeg flere gange i tvivl om, hvor min
bil var parkeret!

Data fra erfaringslageret indgår direkte i styringen af alarmfunktionerne. Fx hvis man lægger hånden på en varm kogeplade, trækker man den automatisk til sig igen i en fart. Bevidstheden og erfaringslageret skal ikke først holde møde for at finde ud af:

- Hvad gør vi nu?

Men der bliver alligevel fulgt op på tingene, for fremover når den samme erfarne person ser en kogeplade, tænder advarselslampen *varm?* automatisk.

Tilbage mangler vi så historielageret, det er det lager, der indeholder historien om ens liv. Helt fra starten og til nutid. Det er specielt på den måde, at når først dataene er lagt ind, kan de ikke fjernes igen. Lageret arbejder tidstro, dvs. dataene ligger i den rækkefølge, de blev lagt ind.

Fx påkalder jeg mig engang imellem andres vrede ved at sige:

- Det har jeg aldrig hørt.

- Det passer ikke, for jeg har selv fortalt dig det, får jeg så at vide med dirrende stemme.

For at glatte ud føler jeg mig så presset til at sige:

- Det må du undskylde, så har jeg glemt det.

Men egentlig burde jeg sige:

- Jeg tror på, du har sagt det, men jeg har altså ikke hørt det, for havde jeg det, kunne jeg også huske det.

For at forstå historielageret er det bedst at forlade edb-terminologien. I stedet kan man forestille sig en meget lang tørresnor, der i hele længden er tæt besat med billeder - ophængt med en lille klemme. Disse billeder er ikke bare farvebilleder i fineste kvalitet, men når man tager et billede frem, påvirkes alle sanser: syn, lugt, smag, hørelse og følelse. Og ikke nok med det, hvert billede er samtidig en lille filmsekvens.

- at leve livet levende   *23*

At billederne er uforgængelige i hele livsforløbet, kan være svært at forstå, men prøv at tænke på, hvor ofte en eller anden uskyldig hændelse eller banal genstand man får øje på, sætter gang i minderne. Pludselig mindes man en gammel episode, man troede, for længst var glemt,.

Dette forhold, tror jeg for øvrigt, bliver mere og mere udbredt, jo ældre man bliver. Og til sidst kan man blive så gammel, at man går i barndom.

Som sagt er billederne uforgængelige, men de ligger ikke altid til fri afbenyttelse. Man skal kende den rigtige kommando, for at finde dem frem.

Endelig er der så de billeder tilbage, man aldrig har set, det er nogle problemfyldte nogle. De skyldes oplevelser, der har været så ubehagelige, at man på det pågældende tidspunkt har fortrængt dem. Det er for så vidt en god evne at have. I sin yderste konsekvens kan det være et spørgsmål om at overleve. Bagefter er problemet bare, at billederne ligger uoplevede, som en traumatisk gæld, man mangler at tilbagebetale.

En sådan gæld får man aldrig eftergivet, inkassatoren er en uhyre vedholdende dame (m/k). Hun giver aldrig op. Hun kommer igen og igen. Hun har også den uheldige egenskab, at hun aldrig direkte siger, hvad hun vil. Hun optræder altid i roller - i lige så mange forskellige, som man har gældsposter.

Det fortvivlende er også, at man selv er den sidste, der opdager sådanne rollespil, fordi de har stået på så længe, at man opfatter livsløgnene som en del af sig selv.

Én af de enetimeprocesser, der benyttes, gør, at man er i stand til at indfri sine traumatiske gældsposter. Man er altså i stand til at opdage sine rollespil, forfølge dem helt tilbage til begyndelsen for at se, hvordan de opstod og derved ud-

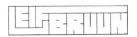

leve dem. Helt konkret gør man det, at man finder en situation, hvor man er i sin rolle. Denne situation er altid forbundet med en karakteristisk misfølelse. Med denne misfølelse som ledetråd er man nu i stand til at forfølge sin rolle fra situation til situation tilbage igennem livet. Og pludselig er man i stand til at trække et fortrængt billede frem, man aldrig har kigget på før. Og med alle sanser opleve den situation, der har plaget en lige siden.

En sådan traumeforløsning har jeg gennemført mange gange. Selve nedkørslen er et koncentreret tålmodighedsarbejde. Men når man er dernede med sit fortrængte billede og erkender situationen, er det alt besværet værd. Hvor lang tid traumeforløsningen tager, aner jeg ikke, jeg ved bare, det er en ubeskrivelig stor og intens oplevelse at opleve den situation, der har været fortrængt i så mange år. Samtidig er det en utrolig befrielse at mærke, hvordan de knuder, den fortrængte oplevelse har medført, bliver løst op.

Man skulle tro, man bagefter er totalt udkørt. Tværtimod, der må være enorme energimængder bundet fast i de knuder, for man strutter af energi bagefter. Det er som at åbne en flaske champagne, der har ligget og ventet i mange år, og al bruset vil ud på én gang. Men hvor spiritus giver et kortvarigt løft med efterfølgende tømmermænd, er der her tale om et vedvarende løft uden tømmermænd.

Traumeforløsningen foregår uden mystik i trygge rammer. Der er en instruktør til stede under hele forløbet. Man er hele tiden ved klar bevidsthed og kan tale med instruktøren. Instruktøren blander sig ikke på noget tidspunkt i forløbet, men deltager kun som værktøjsholder. Man er helt i sin egen verden.

Bagefter kan man godt have sine tvivl, om den (gen)oplevede situation er historisk korrekt, og få lyst til at spørge

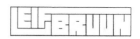

andre, der også kender situationen. Men så vil man jo bare få deres subjektive forklaring. Alle disse spekulationer er i denne sammenhæng også ligegyldige, for den oplevelse man har været tilbage i, er historisk sand for én selv. Det er denne fortrængte sandhed, der har lavet misfølelser med medfølgende rollespil i alle årene. Det er disse knuder, man nu har fået løst op - én gang for alle.

Der er heller ingen grund til at have betænkeligheder over, hvordan man bagefter vil have det med de mennesker, der i sin tid gjorde en ondt. Alene af den grund, at

> der findes ingen onde mennesker
> kun umenneskelige handlinger,
> og de har deres egen årsag

kan bevidstgørelsen kun medføre forøget kærlighed, forståelse og eller overbærenhed med de pågældende[1] mennesker, fordi disse må have handlet af uvidenhed eller på grund af egne rollespil.

Opløste knuder kommer aldrig igen, men der kan selvfølgelig senere i livet opstå nye knuder. Det er netop baggrunden for, at man bruger krisehjælp til folk, der har været udsat for dramatiske begivenheder. Det, man gør, er at få de traumeramte personer til at gennemgå begivenheden igen og igen, indtil de ser den, som den er. Hvilket i princippet er en traumeforløsning.

---

[1] *Pågældende* ~ bemærk dobbelt betydningen!

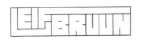

- **Krop** Min krop er mit fysiske hylster. Den består af organer, muskler, skelet, m.m. - alt samlet og emballeret i et praktisk og funktionelt design.

Det var den korteste måde, jeg kunne udtrykke mig på. Ikke fordi kroppen er både spændende og vigtig, men det er en anden historie, end den jeg gerne vil holde mig til her. Dog vil jeg ikke undlade følgende:

En af kroppens ikke fysiske funktioner er at være advarselsgiver. Hver gang man oplever ubehag, smerter eller sygdomme, er det ens psykiske system, der gør opmærksom på, at der er et eller andet, der overbelastes. Langt hovedparten af disse overbelastninger skyldes ubalancer, fordi man ikke lever sit liv i harmoni med sig selv.

Hvis man er i tvivl om, hvor tæt kroppen er knyttet til det psykiske plan, kan man prøve at betragte forskellige mennesker. Især ansigtets udstråling eller mangel på samme, er meget afslørende. Men også stemmen, kroppens holdning, og den måde den bevæges på, siger meget om, hvor tyngede personens skuldre er.

I min læretid som mekaniker arbejdede jeg ofte i graven under bilerne. Når man stod dernede, kunne man kun se kollegerne fra knæet og nedefter, når de gik forbi. Der var 40 ansatte på værkstedet, alle klædt i ens kedeldragter og træsko. Alligevel var det en smal sag at se, hvem der var hvem.

- **Sjæl, sind og krop** En illustrativ måde at betragte sammenhængen mellem sjæl, sind og krop, er at sammenligne med en marionetdukke: Øverst har man styremekanismen, der kontrolleres af sjælen. Derfra udgår alle styresnorene, dvs. sindet. Selve

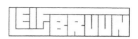

dukken er kroppen. Situationen er nu den, at sjælen ved sindets hjælp er i stand til at få kroppen til at udføre de ønskede funktioner.

Hvis nu man på et eller andet tidspunkt i sit liv har pådraget sig en traumatisk gæld, svarer dette til, at der er kommet knuder mellem nogle af snorene. Dvs. sjælen giver stadig de rigtige kommandoer, men kroppen laver i bestemte situationer nogle abnorme bevægelser. Sjælen er jo et intelligensvæsen, den opdager abnormiteten og kompenserer med styremekanismen, så funktionerne tilsyneladende er normaliserede.

Efter en vellykket traumeforløsning opløses de nævnte knuder. På den måde normaliseres dukkens funktioner igen. Men man skal være opmærksom på, at selv om knuderne er opløst, har sjælen stadig den uvane, at udsende de kompenserede kommandoer. Så indtil sjælen er afvænnet, kan man godt gå og have nogle små pudsige oplevelser med sig selv.

-- o --

Under et intensivforløb arbejdede jeg med mig selv fra tidlig morgen til sent aften. Når jeg gik i seng, faldt jeg straks i en behagelig søvn, fordi jeg var træt, ikke overtræt. 4 til 5 timer senere vågnede jeg igen, fordi jeg var udhvilet. På det tidspunkt var hjernen færdig med nattens arbejde. Den havde ryddet op og arkiveret på alle hylderne efter gårsdagens oplevelser og opdagelser. Så straks jeg vågnede, kunne jeg gå i gang med frisk halm i træskoene ud fra det nye erkendelsesniveau og konstruktivt tænke videre og gøre nye opdagelser med mig selv.

Jeg har ofte sagt, at et sådant - (over)lev i selskab med dig selv - forløb er den største oplevelse, jeg nogen sinde har haft. I virkeligheden er det noget vrøvl, for jeg har ingen oplevelser, jeg kan sammenligne det med. I forhold til andre

oplevelser er det også forskelligt på den måde, at man ikke kan fortælle andre om det - og det er så det, jeg er i fuld gang med her - fordi de mange tabuer omkring psykisk udvikling medfører et væld af okkulte og andre mystiske opfattelser. Og jo mere jeg forsøger, at forklare andre om værdien af mine oplevelser, jo mere tror de, jeg er blevet hjernevasket og guruiseret.

Jeg føler selv, at det er en forrygende udvikling, jeg har gennemgået siden mit første intensivforløb, men det er ikke sådan, at jeg går rundt og er navlebeskuende hele tiden. Tværtimod, jeg lever i langt højere grad et levende liv, end jeg nogen sinde har gjort før.

> Knuderne i min krop og i mit sind
> er minsæl forvandlet til
> blomstrende knopper i min sjæl.

Traumeforløsning

Som beskrevet i forrige kapitel har jeg gennemført massevis af traumeforløsninger. 207 gange i alt for at være helt præcis. Det ved jeg, for jeg har lavet noter efter hver eneste gang. Men det er kun de 153 af dem, jeg har lavet i Vitafakta regi.

I begyndelsen af 1996 begynde Vitafakta at gå i opløsning. De meget alternative instruktører trak i hver deres retning og ret hurtigt efter lukkede det hele.

I mine år i Vitafakta var traumeforløsning det, der gjorde den altafgørende forskel for mig. Sådan var der desværre

ingen andre, der opfattede det. Jeg tror slet ikke, de var klar over hvilket effektivt værktøj, de var i besiddelse af. De gjorde det alt for tungt og besværligt at arbejde med. De tog det ikke seriøst nok. Fx når man havde arbejder sig ned ad tidssporet til ondets rod, Primærhændelsen. Der hvor man virkelig skulle kridte skoene og stå fast, tog deres spirituelle tilbøjeligheder over. De slap tidssporet og brugte deres fantasi til at finde hændelser i tidligere liv.

I sandhedens navn må jeg hellere fortælle, at Vitafakta kaldte det *Karmaudkørsel*. Betegnelsen *Traumeforløsning* er først opstået efter, at jeg selv er begyndt at arbejde med det. Det er blot for ikke at komplicere yderligere, at jeg i denne bog bruger den betegnelse hele vejen igennem.

For mig har hændelser i tidligere liv ikke noget med traumeforløsning at gøre, og jeg har ikke beskæftiget mig med det, hverken dengang eller siden. Så for mit vedkommende var det meget passende, at jeg måtte tage afsked med Vitafakta. Jeg havde fået det maksimale ud af det, de havde at byde på. Og tak for det!

I Vitafaktatiden kom jeg langt med min egen udvikling, men der var stadig indestængte følelser, der kunne restimuleres og vælte min hverdag – med tristhed til følge. Jeg var fast besluttet på, at jeg ville videre med mit udviklingsforløb. Men hverken dengang eller nu kender jeg til andre, der arbejder med tilsvarende teknikker. Så hvad gør man så? Der var reelt kun én mulighed. Jeg lagde mig ned på min egen sofa og brugte min nye uddannelse som tidslinjeterapeut på mig selv.

Hold da fast hvor jeg kom på arbejde. Da jeg først havde fået omstillet teknikken til, at jeg selv var både kursist og instruktør, begyndte de indestængte energier at vælte ud. Og ikke nok med det, for det var på det tidspunkt, jeg gjorde nogle grundlæggende opdagelser. Kort fortalt, fandt jeg ud

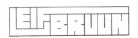

af, at når jeg genkaldte hændelser med misfølelser, spændte det op forskellige steder i kroppen. Det vil sige, kroppen / sindet havde allerede fanget hændelsen og var i fuld gang med at forløse indestængte følelser, idet de sidder ophobet i kroppens muskler. Jeg skulle således blot leve mig ind i muskelspændingerne, trin for trin kom så bevidstgørelsen og hændelsen og sluttelig en lettelsestilstand.

På den måde blev det sindet, der fastholdt hændelsesrækkefølgen på tidssporet, lettelsestilstanden fortalte, at hændelsen var kørt følelsesmæssig flad, og bevidstgørelsen at fortrængningen var opløst. Jeg var med andre ord mindre traumatiseret og havde fået ny bevidst viden om mig selv.

Da jeg havde fået disse fakta indarbejdet i min traumeforløsende teknik, blev den langt mere effektiv, og det var på den måde, det lykkedes mig at komme tilbage til primærhændelsen, der var årsagen til mit traumatiske liv. Og det er forløsningen og erkendelsen af denne primærhændelse, der er årsagen til, at jeg påstår, at mit udviklingsforløb er enestående.

Psykisk udvikling baseret på ovennævnte teknik *Traumeforløsning*, har jeg som sagt beskrevet helt grundlæggende i min bog *Det menneskelige væsen*, så det kommer jeg ikke nærmere ind på her, hvor det drejer sig om mit eget udviklingsforløb.

Det var også i den periode, det gik op for mig, hvor traumatiseret jeg i virkeligheden har været. Og hvor var det godt, at jeg ikke vidste det i forvejen - og især, at jeg ikke vidste hvilket kæmpe udviklingsarbejde, jeg skulle igennem for at blive de indestængte følelser kvit. For så havde jeg opgivet længe forinden.

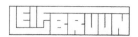

For uanset hvor enkel og effektiv min nye teknik er, så var det ufatteligt så mange indestængte energier, jeg indeholdt. Det blev et årelangt ophold på min egen sofa – med hårdt arbejde.

Palle alene i verden

Først blev jeg skilt og mistede de sociale sammenhænge, der er i et ægteskab. Så blev jeg arbejdsløs og mistede mine arbejdskammerater. I de 5 til 6 år jeg var hos Vitafakta meldte jeg mig ud af stort set alle andre familiemæssige relationer. Efterfølgende, da jeg arbejdede med forløsning af indestængte følelser hjemme på min egen sofa, var jeg stort set isoleret fra alt og alle – i hvert fald de første år.

Ikke fordi jeg ville det sådan. Men min tid var simpelthen booker op med mit private projekt. I den situation kan man godt være glad for, at man bor alene og er arbejdsløs, for eller havde det ikke kunnet lade sig gøre. I perioder hvor følelserne trængte sig mest på, var jeg ikke i kontakt med andre mennesker i dagevis. Når ensomheden blev mest ulidelig, gik jeg en tur rundt ved banegården bare for at fornemme noget liv. Bagefter gik jeg hjem på sofaen igen og fortsatte med at forløse indestængte følelser.

Jeg vil på det kraftigste advare andre mod at gøre tilsvarende på egen hånd. Men jeg havde ikke nogen at rådføre mig med. Vitafaktafolkene var for længst stået af. De havde ingen erfaringer med forløsning af indestængte følelser - i en grad, som jeg gjorde det. Hver gang jeg prøvede at snakke med dem eller andre om det, kom jeg galt af sted. Folk kiggede på mig som en sindssyg og skyndte sig at snakke udenom. Jeg forstod det jo heller ikke selv. Jeg var

bange. Kørte jeg ikke bare i ring i kroniske smerter? Var der slet ingen ende på det? Egentlig var jeg vel ved at blive sindssyg – hvad det så end indebærer.

Heldigvis havde jeg mine noter at støtte mig til. Lige fra den første dag hos Vitafakta, havde jeg noteret alt ned: Hvad jeg genkaldte af hændelser, hvor smertefuldt var det, hvor lang tidsforbruget var, og hvad det gjorde ved mig. Hvilke nye opdagelser gjorde jeg, og hvad jeg lærte af nyt om mig selv. Gennem årene blev det en omfattende samling noter, kan jeg godt hilse at sige.

Disse noter var altafgørende. For ved at bladre tilbage i dem kunne jeg konstatere, at jeg ikke kørte i ring. Jeg var på vej igennem. De indestængte følelser var ikke nær så påtrængende mere. Men hvor var vejen dog lang. Og hvor var det som sagt godt, at jeg ikke vidste det i forvejen!

Genkaldte fortrængninger

Når man på et tidspunkt i sit liv har fortrængt en hændelse, fordi den var for smertefuld, har man skabt grundlaget for et traume. Fordi denne primærhændelse efterfølgende bliver restimuleret, hver gang man har en oplevelse, der på én eller anden måde minder om den. Disse restimulationer er i sagens natur også smertefulde, og udløser en ny fortrængning med tilhørende følelsesophobninger. Og ikke nok med det, også nye stimulidata.

Det er kort og godt sådan et traume udvikler sig. Det siger sig selv, at med tiden gør de mange og store følelsesophobninger, at man bliver afstumpet og blokeret, og de mange

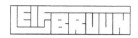

fortrængninger gør, at man bliver ubevidst om store dele af sit liv.

Ønsker man at rette op på dette, må man indlysende nok få stoppet denne udvikling (indvikling), få forløst følelses-ophobningerne og bevidstgøre sig om sit liv (udvikling). Og det er nøjagtigt, hvad en *Traumeforløsning*, tager sigte på. Ved en traumeforløsning udnytter man den kendsgerning, at de fortrængte hændelser hænger sammen som perler på en snor nede fra primærhændelsen og op til nutid. Det gør man ved at vende det hele på hovedet - så at sige - og ar-bejde sig trin for trin baglæns ned ad tidssporet.

Hvor man som traumatiseret person efterhånden per au-tomatik skubber restimulationerne fra sig, gælder det under traumeforløsningen om at fastholde *misfølelserne*. Man genkalder sig en nutidig hændelse med misfølelser og fast-holder denne. Denne konfrontering gør, at kroppen spænder op. Det gør den, fordi det er der, de indestængte følelser er ophobede. Typisk er det blot en banal dagligdags hændelse, så det tager ikke lang tid at forløse disse følelser. Så plud-selig oplever man hændelsen lyslevende. Det er bevidstgø-relsen. Og umiddelbart efter kommer der en lettelsestil-stand.

Ved at fastholde konfronteringen, kommer der en ny op-spænding af kroppen. Det er den forrige (næste) perle på snoren, der trænger sig på med en ny følelsesophobning. Herefter gentager man processen: forløsning af indestængte følelser, erkendelse, lettelsestilstand og så videre.

Andet og mere er en traumeforløsning ikke. Det tager normalt 1 time til 1½ per gang. Herved har man tømt ener-gidepoterne, så går processen i stå, og så er der ikke andet at gøre end at samle nye kræfter, inden man tager den næste omgang.

Det er et hårdt tålmodighedsarbejde, for det skal typisk gennemføres utallige gange, inden man nærmer sig primærhændelsen og dermed muligheden for at blive traumatisk fri. Til gengæld vil man allerede efter få traumeforløsninger mærke, at det letter i hverdagen, og det giver mod og overskud til at komme videre.

På min egen krop har jeg som tidligere sagt gennemført traumeforløsninger i alt 207 gange, og jeg har skrevet noter ikke bare for hver traumeforløsning, men jeg har også lavet en kortfattet beskrivelse af hver af de hændelser, jeg har været nede og bevidstgøre mig om.

Her senere i livet, har jeg så splittet alle disse beskrivelser ad – og derefter samlet dem i kronologisk rækkefølge, så de giver en beskrivelse af mit traumatiske liv. Det giver indlysende nok et meget negativt indblik i mit liv, som på ingen måde er retvisende for mit liv i det hele taget.

For at involvere andre mindst muligt i beskrivelserne er nogle navne ændrede, ligesom visse private detaljer er udeladt eller slørede. I sagens natur handler historierne især i de første år meget om mine forældre, uden at det på nogen måde er et opgør med dem:

> Mine forældre er jeg evig taknemmelig,
> de har til enhver tid gjort det bedste,
> de formåede.

Faktisk har jeg i forløbet slet ikke beskæftiget mig med begrebet skyld, for det har ikke noget med psykisk udvikling at gøre. Rigtigheden af dette kan man sikkert godt betvivle, når man læser de efterfølgende beskrivelser. Men tænk lige på, at uanset hvor glad man er for sine forældre, så tror jeg, at de fleste har oplevet situationer, hvor de med harmdirrende vrede eller i afmægtighed, har ønsket dem hen, hvor

peberet gror. Og det er i disse situationer, jeg har beskrevet mine følelser og tilhørende tilkendegivelser, hvilket helt indlysende ikke behøver at være, som jeg så på det i mere afslappede perioder, eller som jeg ser på det i dag. Men det, jeg har skrevet, er altså, som jeg husker, jeg oplevede det.

I stedet for at placere skyld fandt jeg hurtigt ud af, at psykisk udvikling er et spørgsmål om at feje for egen dør, konfrontere fortrængte oplevelser, bruge det derved udløste energioverskud til at erkende virkeligheden og komme videre med det levende i livet.

At vide sig go' nok,
er det,
det drejer sig om!

Før fødslen

Alting har en begyndelse. Således også den traumatiske del af livet. Primærhændelsen, som jeg kalder den, er altid en hændelse med store fysiske smerter. For mit vedkommende ligger denne hændelse i forbindelse med min fødsel, hvor mit hoved kommer voldsomt i klemme og "bliver klemt flad som en punkteret plastikbold." Sådan faldt ordene, da det under den sidste traumeudkørsel, gik op for mig, at det var det, der var sket.

Egentlig burde jeg begynde med at beskrive primærhændelsen for at opretholde den kronologiske rækkefølge. Men simpelthen for at bevare troværdigheden, venter jeg med den til sidst. Desuden var det også i den rækkefølge, jeg genkaldte det – 4 år inde i mit udviklingsforløb. Jeg finder det blot nødvendigt at nævne primærhændelsen, for at fastslå, at jeg var dybt traumatiseret allerede fra fødslen.

Nu ved jeg godt at mange tænker, hvordan kan man huske noget, fra så tidligt i livet? Det kan man for så vidt heller ikke. Det er kun når hændelsen ligger gemt i en fortrængning, og når man med en traumeforløsning ledes tilbage og genkalder den ved at forløse følelserne omkring den. Derefter kan man ikke huske den mere.

Omvendt er der jo ingen, der stiller spørgsmålstegn ved, at hvis et spædbarn bliver mishandlet, vil det være præget af dette resten af livet. Ergo beviser dette, at forbindelsen er intakt hele vejen op gennem tidssporet - og dermed også ned ad tidssporet. At man på hændelsestidspunktet ikke har et sprog, forhindrer ikke, at man kan genkalde sanseindtrykkene - og sætte ord på senere.

For at forklare princippet i en traumeforløsning - det at holde fast i en misfølelse og som på en kæde køre led for led tilbage på tidssporet - kan jeg give følgende eksempel:

Jeg har altid haft nemt ved at blive søsyg og køresyg. Ved at genkalde en sådan hændelse og leve mig ind i de følelser, det giver, kunne jeg gå fra hændelse til hændelse af tilsvarende karakter tilbage gennem mit liv:

På et tidspunkt genkalder jeg mig en episode som 4'årig, hvor jeg ligger på bagsædet af en bil og har kvalme. Jeg kan ligefrem fornemme betrækket og lugte dets beskidte fugtighed. Det næste billede, jeg kan se, er indvendig i en lys barnevogn, der vipper forfærdeligt og giver mig kvalme. Den samme følelse kan jeg genkalde mig som foster, hvor jeg med kvalme føler mig tung, trist og hjælpeløs. Ved denne genkaldelse føler jeg samtidig hovedpine, og at det trækker i venstre side af ansigtet ved øret og munden.

- - o - -

Ved den tidligste genkaldelse jeg har haft, oplever jeg en fysisk smerte ved næsen. Flere gange opstår et lysglimt inde

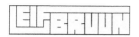

i hovedet som et blinklys og samtidig kan jeg mærke min mors ulykkelighed, og jeg føler mig afvist, desperat og hjælpeløs.

- - o - -

I andre genkaldelser fra min fostertilværelse har jeg fornemmelsen af vægtløshed, at det er mørkt, blødt og rundt. Jeg kan mærke hjerteslag, og at mor er alle vegne. Men jeg kan ikke bevæge mig, og den trygge fornemmelse bliver ødelagt af en ulykkelig tomhed over, at hun ikke kan li' mig, fordi jeg ikke er go' nok.

Fødslen

Starten på min fødsel oplever jeg ved at føle mig ubehagelig tung, liggende hjælpeløs med venstre side af ansigtet og næsen trykket flad. Samtidig med optræder nogle karakteristiske mønstre i en lysende lilla farve på en sort baggrund.

- - o - -

Min mor lyder ikke til at være glad for at se mig. Hun kommer med nogle høje, vrede skrig. Hun forbander mig. Hun vil ikke have mig. Jeg er ikke go' nok. Jeg føler ligefrem, hun er bange for mig.

- - o - -

Jeg kan tydeligt mærke jordemoderens fingre trykke inde i mine øjenhuler. Derefter oplever jeg, det bliver lyst omkring mig, uden at jeg kan se noget. Det bløde forvandles til hårdt. Det smager og lugter stærkt. Der er en masse aktivitet og opmærksomhed omkring mig. Det giver tryghed, og misfølelserne forsvinder.

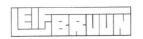

Så allerede på dette tidspunkt var jeg overbevist om, at min mor ikke kunne lide mig, fordi jeg ikke var go' nok. Disse 'kendsgerninger' var alt for barske til, at jeg kunne rumme dem. Så i stedet flygtede jeg fra dem ved at vende situationen til trods mod min mor:

> Når hun ikke kan li' mig,
> skal hun heller ikke tro,
> at jeg kan li' hende!

Efter fødslen

I alle de genkaldelser jeg har fra min barndom, er der ikke en eneste situation, hvor jeg direkte modtager kærlighed. Mine forældre har som sagt altid været gode ved mig og passet mig med masser af omsorg, trøst og forkælelse på alle mulige måder. Men fornemmelsen af bare at blive taget op og få et forløsende kærligt klem og et par kærlige ord, den eksisterer simpelthen ikke for mig.

Jeg tvivler ikke på, at mine forældre har gjort det masser af gange, jeg var bare ikke i stand til at tage imod. De havde ikke en chance for at give mig denne kærlighed, jeg var jo ikke engang i stand til at have kærlighed til mig selv. Jeg vidste, jeg ikke var go' nok, jeg havde besluttet mig allerede inden jeg blev født. De skulle ikke tro, jeg kunne li' dem.

• **Mor** Min mors og mit forhold blev således fra starten til en magtkamp, hvor jeg gjorde brug af min stædighed og hurtigt opdagede, at jeg var den stærkeste.

Kunne jeg ikke opnå hendes kærlighed, så kunne jeg få hendes opmærksomhed ved ikke at gøre det, hun ville have mig til. I begyndelsen foregik det ved, at jeg ikke ville åbne øjnene, spise eller reagere overhovedet. Så kunne jeg mærke, at hun bekymrede sig for mig.

En anden mulighed var at begynde at græde trøsteløst: I en genkaldelse, hvor jeg skriger og er helt ude af mig selv, ligger jeg på stuebordet med fornemmelsen af et kraftigt lys ovenover. Jeg kan se mine bare ben og min ble, og har åben udspilet mund. Mor tager mig op og går frem og tilbage med mig. Jeg kan smage de salte tårer og mærke min mors irritation - men frem for alt også, hvordan hun er bekymret for mig og vil gøre alt, bare jeg vil tie stille.

Således lærte jeg at hævde mig på andres bekostning.

Den opdagelse, at jeg kunne få min vilje ved at bruge min stædighed, blev et trygt holdepunkt for mig i mit forhold til min mor. Hun havde overgivet sig, hende kunne jeg altid gemme mig hos. Hun stillede ikke andre krav, bare jeg lod være med at græde, kunne jeg få det, som jeg ville.

• **Far**   Det er så her, min far begynder at optræde i mine genkaldelser. For mange gange når han var i nærheden - sådan et eller andet sted bag min mor - oplevede jeg ikke den samme tryghed:

I en genkaldelse, hvor jeg græder, går min mor frem og tilbage med mig. Det er min normale måde at suge kærlighed til mig. Men problemet er, at bagved kan jeg høre min far skælde ud, og det påvirker både mor og mig.

-- o --

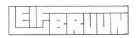

I en tilsvarende genkaldelse ligger jeg grædende i min seng og kan se far og mor ovenover. De skælder ud på mig og taler om, hvad der er galt med mig.

-- o --

En overvældende genkaldelse er den, hvor jeg ligger på stuebordet med det kraftige lys ovenover og bliver gjort i stand af mor. Det er behageligt, det kan jeg godt lide, men på et tidspunkt sker der et eller andet. Jeg kan mærke, min far går rastløst bagved med små hurtige skridt. Sådan gjorde han altid, når han var vred. Nu bliver også mor vred og ulykkelig, og hendes bevægelser bliver hårde. Jeg bliver bange og begynder at græde. Så begynder de at skændes og råbe efter hinanden.

Det er for meget for mig, for første gang får min stædighed et nederlag. Jeg er overbevist om, at det er min skyld, de er blevet uvenner. Nu tier jeg stille og opfører mig ordentligt. Jeg kan mærke, hvordan kedafdetheden og følelsen af uretfærdighed skyller ind over mig.

-- o --

Min far var helt anderledes end min mor. Fx føjede han mig ikke, fordi jeg var stædig. Tværtimod, han var mindst lige så stædig selv:

Jeg ligger i min seng og græder. Det har lige været så hyggeligt i stuen sammen med far og mor, men nu har de lagt mig i seng. Mor kommer og siger, jeg skal tie stille og lægge mig til at sove. Jeg fortsætter med at græde, for jeg ved, at hun skal nok komme igen, og så tager hun mig op.

Jeg kan mærke fornemmelsen af, at jeg får det bedre ved at forhindre dem i at hygge sig videre inde i stuen.

Næste gang hun står over mig, skælder hun ud og siger, at jeg skaber mig. Det bliver jeg fornærmet over og græder endnu mere.

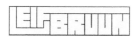

Så bliver lyset tændt. Nu er det min far, der står over mig og skælder ud. Det har jeg ikke oplevet før. Han lugter af tobak, og når han viser tænder, kan jeg se hans guldsplint. I genkaldelsen gør det også stort indtryk på mig, at han ser så ung ud!

Først bliver jeg tavs, men uretfærdigheden føles hurtigt så stor, at jeg fortsætter med at græde. Lidt senere kommer han igen, tager mig op på en hård måde, giver mig en røvfuld og lægger mig ned i sengen igen - alt imens han skælder ud.

Den første nærkontakt, jeg kan huske, jeg havde med min far var altså en røvfuld. Det var igen for overvældende til, at jeg kunne være i det. Det blev starten på, at jeg blokerede, når andre ikke troede på mine rollespil. Det vil sige, jeg gik ind i mig selv og lukkede af for omverdenen.

-- o --

Jeg opfattede også min far som en konkurrent til min mor: Jeg ligger ved siden af min mor i hendes seng, og har det rart. Jeg kan se sengens endegavl af blankt træ, der skinner. På et tidspunkt kommer far, og begynder at snakke med mor. Så løfter han mig ud af sengen og ned i min egen.

Nu ligger jeg alene i min egen kolde seng og føler uretfærdigheden skylle ned over mig.

• Mad   I ingen af mine genkaldelser har jeg nogen fornemmelse af min mors bryster, men derimod tydeligt savnet efter at mærke hende, når jeg til min store skuffelse får en hård glassutteflaske. Hun har senere fortalt, at jeg ved flere lejligheder har slået flasken itu ved at smide den på gulvet.

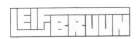

Jeg har genkaldt adskillige situationer fra mine første leve-
måneder med følgende magtkamp: Min mor prøver på alle
mulige måder at overtale mig til at tage sutteflasken, men
jeg skubber den væk igen. Senere er det mad hun propper i
munden på mig, men det spytter jeg ud igen.

At jeg ikke ville spise, spillede en central rolle lige fra
fødslen og lang tid fremover. Det, at jeg brugte min stædig-
hed til at nægte at tage føde til mig, var en effektiv måde til
at opnå min mors 'kærlighed' på. Ikke engang min far
kunne forhindre det!

• Storesøster

Det var store krav, jeg stillede til min
mor. På den ene side brugte jeg enhver
lejlighed til at demonstrere, at jeg ikke kunne lide hende, og
på den anden side forlangte jeg, at hun altid skulle være in-
denfor rækkevidde og passe mig op. Jeg tolererede ingen
andre mennesker, i så fald blev jeg utryg og græd.

Der var kun én undtagelse, og det var så her, min 5 år
ældre søster Lissie kom ind som den tredje person i mit liv.
Lissie kunne til nød afløse min mor. Hun stillede heller ikke
krav men føjede mig, som jeg ville have det.

-- o --

-- o --

De leger med mig og kilder mig. Det er rart, der er slet ingen
misfølelser. Jeg kan se min fod. Jeg er glad, men tør ikke
vise det, for så vil de lægge mærke til, at jeg ikke er go' nok.
Alligevel kommer jeg til at smile. Mor griner glad og siger:
- Jamen, du kan jo smile.

Jeg mærker, hvordan genertheden blusser op i mig.

Efterfølgende skete det ikke ret mange gange, at nogen
fik lov til at komme bag på mig. Jeg blev nemlig god til at
skjule følelser.

- at leve livet levende   *43*

Jeg græder, og er ude af mig selv.
Far er vred, han holder hårdt omkring mig.
Jeg kan se hans behårede arme med gulduret.

Jeg ligger ved siden af mor i hendes seng og har det rart. Jeg får hendes hår i ansigtet. Det har en ubehagelig lugt af et eller andet permanentmiddel. men det gør ikke noget, bare jeg må kravle ind til hende. Hun bliver irriteret og skubber mig væk:
- Læg dig til at sove, jeg vil have fred, siger hun.
   Ved siden af ligger far, jeg kigger på hans finger med gul nikotin ned ad siden.

Jeg sidder på potten.
Jeg holder mig med vilje.
Det er så dejligt med den opmærksomhed.

1 års alderen

Magtkampen med min mor om ikke at spise fortsatte. Min undervægt gjorde hende mere og mere urolig: Jeg kan mærke, hun taler med far, sundhedsplejersken og andre om, hvad der er galt med mig:
   Jeg har genkaldt, hvordan det gør indtryk på mig, at hun tager mig med ud til mælkemanden og hans hvide vogn med den store hest foran og begejstret viser mig, at den fløde hun køber af ham, skal jeg have.

-- o --

Ved en anden lejlighed er vi et fremmed sted, hvor der er et skarpt (kulbue) lys. Jeg skaber mig, fordi jeg skal sidde

alene. Jeg kan mærke mor bliver flov over mig. Det varmer behageligt at sidde under lyset, men jeg har følelsen af, at jeg mangler mor.

-- o --

Jeg sidder i en gyngestol i dørkarmen. Far og mor er lige gået i byen, og en fremmed pige passer Lissie og mig. Jeg er noget betænkelig ved situationen. Også fordi nogen har sagt, at uartige børn bliver hentet og kørt på børnehjem.

-- o --

En helt virkelig oplevelse har jeg, hvor vi er ved lægen - ham med den hvide kittel. Han har fået mig til at græde mange gange før, men i dag er det anderledes. Jeg føler han er solidarisk med mig. I dag kan han godt få lov at undersøge mig. Jeg kan mærke, han siger til mor:
- Leif fejler ikke noget, du skal bare gi' ham kærlighed, så vil han spise igen.
Mor bliver mindre og mindre, og mit martyrium vokser helt op over hovedet på mig.

• Kommunikation I det hele taget var kommunikationen med mine forældre fyldt med misforståelser. De forstod ikke, at jeg græd og nægtede at spise, fordi jeg manglede kærlighed, og jeg forstod ikke dem på mange områder:

De troede ikke på, at jeg græd, fordi jeg var ked af det og gerne ville trøstes. De blev irriterede og sagde:
- Ti' stille din lille pjatrøv. Det er ikke noget at pylre for.
Andre gange gjorde de mig tavs med afledninger som:
- Hør! nu kommer der en bil.

-- o --

Mange gange følte jeg, de talte hen over hovedet på mig: Jeg er ude at køre i klapvogn med far og mor. Det er spændende, og jeg er glad. Jeg ønsker at komme i kontakt med dem. De skal se mig, men der må være et eller andet, de er mere optaget af, for de giver mig bare sutten og siger:
- Se den hund derovre!

-- o --

Hvis jeg endelig følte, jeg mødte forståelse, blev det også for meget: Jeg græder trøstesløst fordi mor er væk. Der er kun min storesøster og en anden pige, jeg ikke kender. Pigen tager mig op, holder mig ind til sig og siger:
- Hvad er du ked af, hvorfor græder du?

Jeg bliver tavs og lamslået af bare forbavselse. Hun lytter til mig og taler med mig. Hun tror på, jeg græder, fordi jeg er ked af det!

2 års alderen

Jeg er med mor på besøg hos tante Kaja, og sidder på gulvet sammen med min jævnaldrende kusine Gunda. På et tidspunkt går tante Kaja hen og løfter Gunda op, kysser hende på munden og siger, hun er sød. Så giver de hinanden et knus og går hver til sit. Jeg er målløs. Det skriger inden i mig. Så enkelt og naturligt kan man altså udveksle kærlighedstilkendegivelser.

Sådanne oplevelser fyldte mig med mindreværd - især overfor mine fætre og kusiner. Jeg kunne jo se, de fungerede bedre end mig.

-- o --

Jeg sidder på stuegulvet og leger. Mor og far sidder i sofaen. Der er tændt lys bagved dem. Jeg ved, de taler om mig:
- Han er en mærkelig dreng... - Han græder hele tiden... - Han er så mager... - Han er aldrig glad.

-- o --

For at forebygge at noget kom bag på mig begyndte jeg nu, at blive meget opmærksom på, hvad omgivelserne mente om mig. Men andre måtte ikke vide, at jeg gjorde det. Så på den måde lærte jeg at sidde, som om jeg var fordybet i mine legesager - og alligevel være ude i duet.

-- o --

Den følgende traumeforløsning begynder med, at jeg i nutid føler mig tung, oppustet og trist. Derfra foretager jeg tidsmæssigt et kæmpehop til 2 års alderen. Først ser jeg klart vores spisestuestol med udskæringen i ryggen og sædet med karrygult betræk. Så får jeg kvalme og kan mærke, at jeg slår hovedet mod gulvet. Jeg ser tydeligt gulvtæppet med dets mønstre og farver og spisebordets sokkel-understel.

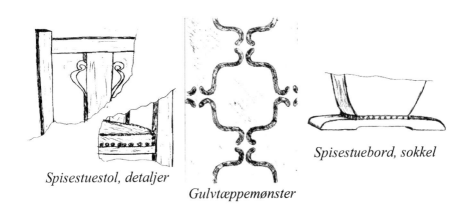

Spisestuestol, detaljer

Gulvtæppemønster

Spisestuebord, sokkel

- at leve livet levende

- **Mormor**   Genkaldelsen begynder med, at det varmer så dejligt på min mave. Det undrer mig meget, indtil jeg ser en rødgul gummivarmedunk med blank metalskruelåg. Forklaringen er følgende: Jeg ligger i mors seng og finder tryghed. Mor og far har gjort sig fine: De er gået i byen. Jeg har grædt meget. Det er første gang mormor passer mig. Det var det, der gjorde mig utryg. Så var det, jeg lige pludselig fik ondt i maven. Den smerte har jeg oplevet mange gange efterfølgende i tilsvarende situationer.

Lige nu er det ikke så meget mavepinen, der trykker mig. Men mere det, at jeg kan mærke, at mormor bliver ked af, at jeg græder. Hende kan jeg godt lide, og hun trøster mig, så godt hun kan.

Hermed fik jeg så introduceret den fjerde person i mit liv. Nemlig mormor. Hun har altid stået for mig som noget fast og trygt, jeg holdt af og havde tillid til.

- **Far**   Det var på det her tidspunkt forholdet til min far ændredes. Han blev et forbillede, jeg så op til, men alligevel en fjern person, jeg ikke kunne nå. Det gjorde mig utryg, at han hele tiden gennemskuede mig:

Jeg bliver passet af far. Det skete yderst sjældent. Han vil ikke lege med mig. Det er jeg skuffet over. I stedet går jeg på opdagelse i lejligheden:

- Du skal blive her og lege med dine legesager, gentager han mere og mere vredt.

-- o --

Far sidder i sofaen. Jeg står på ham og prøver på, at mase mig ind til ham. Jeg kan mærke hans skægstubbe på kinden. Han overser mig og fortsætter med at læse avis, idet han

holder mig på afstand med den ene hånd, medens han holder avisen med den anden.

-- o --

Det er skægt, jeg leger med min far. Jeg sidder på hans fod, og han går med mig. Jeg kan mærke hans bukseben og lugte hans sokker. Pludselig går det op for mig, at han slet ikke leger med mig, men er irriteret, og vil skubbe mig væk. Det gør ondt - helt ud på næsen.

-- o --

Jeg sidder meget koncentreret med mine legesager, for jeg kan mærke, at far kigger på mig. Jeg vil gerne gøre indtryk på ham. Men så griner han af mig og siger:
- Din lille pjatrøv, du skal da bare gøre sådan her.

Når min far var hjemme, sørgede jeg altid for at holde mig i nærheden af ham og helst foran ham, så han kunne se mig - i håbet om, at han ville lege med mig. Jeg spurgte aldrig direkte. Jeg turde ikke tage ansvaret. Tænk, hvis jeg blev afvist.

- **Vi skal være fine** Jeg begyndte at finde ud af, at når der var noget med andre mennesker, hvad enten vi skulle i byen eller have gæster, skulle alt være anderledes, og vi skulle være fine. Det måtte jo betyde, at mor og far heller ikke var go'e nok:

Det kan begynde lang tid i forvejen, hvor mor får lavet sit fine, ildelugtende hår, og neglene bliver malet røde. Senere kommer hele huset til at stå på den anden ende. Alle skal bades og gøres i stand. Det fine tøj, smykker m.m. bliver

taget frem og parfumeduften breder sig. Der opstår en for-
virret, vi-når-det-ikke stemning med småskænderier og ir-
ritationsudbrud. Jeg kan også høre irritationen på fars fine
sko. Efterhånden, som vi bliver fine, ændres også min mors
adfærd. Hun er ikke til at kende igen, helt anderledes koket
end ellers. Hun skaber sig, synes jeg.

At skulle være fin blev for mig forbundet med noget ubeha-
geligt, der gav misfølelser og blokeringer. Det var bestemt
ikke noget, jeg glædede mig til. Dertil kom - eller rettere
som konsekvens af dette - så kradsede det fine tøj altid helt
forfærdeligt, og jeg tog det kun på under stærke protester.
   Der er altid noget galt, når familien skal i skoven, var i
alle barneårene for mig indbegrebet af ordet fin.

• Mor   Det virkede forkert på mig, at min mor opførte
         sig anderledes, når der var andre til stede. På en
eller anden måde fik jeg det lavet om til, at det var min
skyld, fordi jeg ikke var go' nok:
   Vi har besøg af fars kammerater. Mor spiller op til dem:
- Jeg taler alt for meget, siger hun højt grinende, og demon-
strerer dermed sit mindreværd.

-- o --

Mor taler med en dame. Hun må være finere end os, kan jeg
høre. Mor taler og griner meget, uden at det lyder som om,
hun synes, det er sjovt. Jeg føler mig tilsidesat. Alt hvad jeg
ellers har sammen med min mor, er åbenbart lige meget nu:
- Ti' stille, når de voksne taler.
   Jeg skammer mig over, at min mor ikke er go' nok.

-- o --

Mor, far og jeg er i byen sammen. Mor er selskabelig, hun omtaler mig med begejstring:
- Leif er sådan en sød dreng... - Han er så nem at have med at gøre.

Det ved jeg i hvert fald, er uærligt. Jeg ved, hun ikke kan lide mig, fordi jeg ikke er go' nok.

-- o --

Der er én, der viser interesse for mig, men mor trænger sig på og svarer for mig. Hun skammer sig over mig, hun skjuler mig ved at svare for mig, jeg bliver ked af det og tavs.

-- o --

Der er fest. De voksne sidder rundt om bordet med den hvide dug. Der er snaps på bordet og tilrøget i lokalet. Tante Kaja griner højt hele tiden. Det lyder som hornet på en Ford A. Stemmerne lyder mærkelige. Jeg kan høre min mor, hun griner for meget. Hun sidder ved siden af en fremmed mand, han holder om hende. Jeg undrer mig over, at han må være så tæt på hende.

Jeg kan mærke, min far er ked af det. Jeg kan tydeligt se hans guldur på armen. Jeg er også ked af det.

3 års alderen

Det er min fødselsdag, og jeg har fået en metalsnurretop. Den hviner mere og mere og drejer hurtigere og hurtigere rundt, når man trykker op og ned på stangen i toppen. Den er hvid med røde og blå mønstre, der smelter sammen, når den snurrer. Jeg er meget interesseret i den, men bliver voldsomt irriteret over, at der sidder nogen og kigger ned på mig. Jeg føler de kritiserer mig, og kan ikke rumme al den opmærksomhed.

Snurretop

-- o --

Alle andre taler sammen og har det rart, det får mig til at føle mig isoleret, og jeg bliver ked af det. Jeg sidder ved siden af én, der er mindre end mig. Jeg driller og slår, så vedkommende begynder at græde. Det hjælper på misfølelserne.

-- o --

Far skubber bag på mig - hen mod nogle fremmede - samtidig med, han siger højt:
- Gå nu bare hen og hils din lille pjatrøv.

Det gør mig voldsomt generet. Det er også måden, han siger det på. Det er mere henvendt til de andre end til mig. Det er som om, han skjuler sig bag mig. Jeg oplever det, som om han skammer sig over mig.

-- o --

Jeg sidder på skødet af kjoledamen og græder i vilden sky.
Hun holder en stor blank kniv op mod mit ansigt!

Denne hændelse tog det mig meget lang tid at forstå.
Også fordi det er mærkeligt, at det foregår i den kælderlej-
lighed, som vi på daværende tidspunkt var flyttet væk fra,
idet vi var flyttet til 1. etagen i det samme hus. Forklaringen
er følgende:

Slemme-John skubber til mig ude i gården, så jeg falder,
slår hovedet og begynder at græde. Damen fra kjoleforret-
ningen, der er blevet indrettet i vores gamle lejlighed, over-
værer det. Hun prøver at trøste mig, og tager mig med ned
i forretningen, hvor hun holder en kold kniv hen over bulen
i panden.

Ovenstående er et godt eksempel på, at når man genkalder
hændelser med traumeforløsning, så arbejder man fra nutid
og ned ad tidssporet. Det vil sige, at man genkalder hændel-
sen baglæns. Derfor troede jeg først, at det var en fremmed
dame, der truede mig med en blank kniv. I virkeligheden
var det så kjoledamen, der sikkert med en paletkniv, kølede
bulen i min pande.

• **Kommunikation** Min kommunikation med om-
verdenen og især med mig selv,
bliver et større og større problem. Jeg er fyldt med så mange
misfølelser, at uanset hvad der sker, så ender det med gråd.
Men gråden medfører blot, at mine forældre forsøger at pas-
sivisere mig, og det hjælper ikke på min kedafdethed -
tværtimod:

Jeg græder, fordi jeg er faldet, og har slået mig. Far griner
af mig højt oppe fra og siger:
- Din lille pylrerøv!

Næste gang det sker, er det mor, der reagerer irriteret:

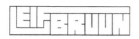

- Åh, det er ikke noget, en rask dreng hyler for.

-- o --

Mor stikker hovedet ind i stuen og siger:
- Jeg skal lige ned til købmanden, jeg kommer igen med det samme.

Jeg sidder helt opslugt af mine legesager og protesterer ikke. Først da hoveddøren smækker, og jeg kan mærke, at jeg er helt alene hjemme, begynder panikken at brede sig. Jeg sidder helt stivnet, så begynder jeg at skrige som en stukket gris. 'Lang' tid senere, da jeg kan høre mor ved dø-ren, falder jeg til ro igen og løber lettet ud til hende. Men hun er vred og skælder ud:
- Hvordan er det du skaber dig, bare fordi jeg er væk et øje-blik. Jeg kunne høre dig helt ned på gaden.

-- o --

Efterhånden går den mislykkede kommunikation mig så meget på, at jeg det meste af tiden er træt og uoplagt. Jeg gider ingenting - ud over at græde:
Mor giver mig tøj på og siger:
- Du skal ud og have noget frisk luft.
Men jeg vil ikke, og hun bliver vred og skælder ud.

-- o --

Far og mor taler med en fremmed mand. Jeg kan høre, de taler om, at der er noget galt med mig:
- Han vil ikke noget... - Han siger ikke noget... - Han græder over ingenting.

• **Indadvendthed**   Især påvirkede det mig meget, at jeg kunne mærke, mine forældre syntes, jeg var besværlig, og at de blev irriterede på mig. På

et tidspunkt blev alt dette for meget, og jeg traf en skelsættende beslutning:

Fra nu af skal jeg fandeme nok klare mig selv.
Jeg vil aldrig græde mere,
og jeg vil aldrig tale med mine forældre.
Kun hvis de direkte spørger mig om noget,
vil jeg svare med ja eller nej.

Hvilke voldsomme konsekvenser det gav - for en lille sårbar dreng at opgive at kommunikere - i form af isolation og følelsesophobninger, kan det være svært at forestille sig. Men det varede rent faktisk flere årtier inden jeg græd igen, hvilket fortæller noget om hvilken vilje og stædighed, der lå bag denne beslutning.

Min måde at overleve dette på, foregik ved bevidst at udnytte den erfaring jeg havde gjort med, at når livet kom for tæt på, kunne jeg flygte ved at blokere. En sådan blokering følte jeg som en stor muskel rundt om hjernen, der trak sig voldsomt sammen og derved udelukkede alle sanseindtryk. Tankevirksomheden gik på slow motion, og alle bevægelser blev stive og mekaniske. Samtidig forsvandt al udstråling fra ansigtet, kun tristheden blev tilbage.

At jeg var bevidst om, at jeg blokerede, var kun i begyndelsen, for efterhånden blev det min måde at gå til verden på. uden at jeg forestillede mig, at det kunne være anderledes.

4 års alderen

Mor bruger meget energi på at fortælle nogen, hvor dygtig far er til sit arbejde, men på grund af nogle andre, der er onde, er det hele alligevel ikke så godt.

På det her tidspunkt skiftede min far fra at være ansat mekaniker og tillidsmand på et stort værksted til at starte sit eget autoværksted. Disse samtaler var lige vand på min mølle, og læresætningen stod klar for mig:

> Kan man ikke hævde sig på andre måder,
> kan man som regel klare det
> ved at nedgøre andre!

-- o --

Vi er på besøg hos tante Grete og onkel Holger. Jeg kan mærke på mor, at de er finere end os. Blandt andet har De mange fine stuer! Jeg er bange for tante Grete. Hun er anderledes, end jeg er vant til. Hun taler direkte til mig:
- Hvorfor er du så genert Leif? spørger hun.

-- o --

Jeg har fået en lillebror, Jørgen, som er 4,5 år yngre end mig. Lige fra starten opfatter jeg ham som en uovervindelig konkurrent til mine forældres kærlighed og får straks opbygget et misundelsesforhold:

Jeg står og kigger på ham, medens han sover. Jeg kilder og napper ham:
- Bøh, siger jeg.

Det irriterer mig, at han virker så veltilfreds.

- at leve livet levende

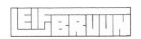

- **Arrogance** Min nye indesluttede adfærd lærte mig, at de bedste resultater opnås ved at være stille og medgørlig - og lade andre få øje på mig. Med andre ord ved at dominere på en feminin måde:

- Leif er sådan en sød dreng... - Han er så nem at have med at gøre... - Han er så god til at lege med sig selv, bliver min mors nye måder at omtale mig på. Fremover når jeg er syg, roser hun mig også:
- Det er ingen sag, når du er syg, du klarer dig selv. De andre råber efter mig hele tiden.

Det krævede megen stædighed og disciplin af mig, at jeg altid skulle være afventende og cool. Og ulempen var, at de mange blokeringer medførte isolation og ensomhed. Men

> ét er at leve med sit mismod.
> Noget helt andet er,
> hvis det synliggøres for andre!

Således blev arrogance mit nye våben til at skjule mit blokeringstriste ansigt. Med masker som: Jeg er da ligeglad...
- Du kan da se, jeg er optaget lige nu... - Hvor er du dum og fjollet... Med disse og andre betydningsfulde miner, drager jeg nu ud i verden.

Især mine fætre og kusiner fik denne arrogance at mærke, på grund af mit tidligere opnåede mindreværd overfor dem. Jeg lod som om, de var luft for mig, men alligevel sørgede jeg diskret for, de fik øje på noget, jeg kunne vække deres nysgerrighed med. Når de så gik på krogen og snakkede til mig, gjorde jeg dem tavse ved ikke at svare.

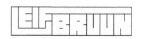

• **De fine sko** At far skulle have de fine sko på, hver gang han blev uvenner med mor, forbedrede heller ikke forståelseskløften mellem os, men det ligger dybt i mig, at sådan var det bare. Mønsteret har gentaget sig med jævne mellemrum gennem hele min barndom, så logikken er klar nok:

Familien er samlet. En eller anden banal hændelse udløser min fars irritation. Vi holder alle vejret af frygt for: Sker det nu igen?

Hvis det skete, så fortsatte min far med at skælde ud på min mor:

- Du er fandeme heller ikke til at holde ud. Nu går jeg.

Så er det, han skal have de fine sko på. Men han går ikke lige med det samme. Først skal han vaskes og klædes om. Da de fine sko larmer meget mere, end dem han plejer at bruge, dominerer han hele lejligheden ved ustandseligt at gå frem og tilbage med små, hurtige, vrede skridt, smækkende med døre, skuffer og skabe. Mere og mere højlydt skælder han ud på alt og alle - men mest min mor. Hun siger ikke ret meget, men synker bare mere og mere modløst sammen.

Endelig. Efter det sidste vredesudbrud bliver yderdøren smækket eftertrykkeligt i, og der bliver stille i huset.

Jeg kigger forsigtigt op på mor og kan se, hun sidder og græder.

På et eller andet tidspunkt midt om natten, bliver freden igen brudt. Far er kommet hjem, men nu er det mest mor, der skælder ud. Jeg synes, det er dumt af hende, det ville været meget bedre at vente til næste dag, hvor han har det dårligt. Lige nu er han nærmest ligeglad. Til sidst går mor ind i stuen og sover. Så bliver der ro igen.

Næste dag bliver far liggende længe i sengen. Han lugter ubehageligt af spiritus. Men det allerværste er alligevel den larmende tavshed, der breder sig i huset de efterfølgende dage.

5 års alderen

Det er min fødselsdag. Jeg ved, der kommer gæster for at fejre mig. Det er for meget af det gode. Jeg kan ikke overskue det - kan ikke være i det. Det fine tøj kradser også helt forfærdeligt. For at bevare styringen er jeg nødt til at få mavepine og tilbringe resten af dagen i sengen.

-- o --

Jeg er ved at lave en tegning. Dem lavede jeg mange af som barn, både fordi jeg kunne gå ind i min egen verden, uden at der var nogen, der forventede noget selskabeligt af mig, og fordi det gav nogle gode anerkendelser:
- Leif er så dygtig til at tegne.
    Blandt andet således gjorde jeg den erfaring, at man skulle præstere noget for at blive anerkendt!

• Far   Min beslutning om at især dem, der betød noget for mig, måtte jeg ikke kommunikere med, gjorde hverdagen besværlig med misforståelser, misfølelser og mismod til følge:

Far er blevet depotbestyrer for Shell-flaskegas, og det bedste i hele verden er, når jeg må komme med på gastur, men jeg kan jo ikke bare spørge. Så om morgenen når han begynder at gøre klar, placerer jeg mig hele tiden, så han ikke

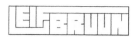

kan undgå at se mig - i håb om, at han vil spørge, om jeg vil med.

Han tager lang tid om at gøre sig klar. Så ordner han noget ved skrivebordet. Så henter han noget i soveværelset. Så taler han i telefon. Og så snakker han med mor i køkkenet. Hele tiden følger jeg efter ham med mit spinkle håb.

Først da jeg står foran en smækket yderdør, opgiver jeg håbet, og hele min verden styrter sammen.

Helt anderledes var de dage, hvor han sagde:
- Vil du med!

Så blev jeg glad. Men det måtte jeg jo ikke vise, så gjaldt det om at skjule begejstringen og sige:
- Det vil jeg da godt.

Andre gange tog han mig kun med, fordi mor i forvejen havde skældt ud og sagt, han skulle. Så virkede han irriteret og afvisende.

Det er livet, når jeg sidder ved siden af min far i lastbilen og vi drøner ud ad landevejen. Imellem os er den hoppende og skrattende gearstang. Når jeg holder ved den, kan jeg fjerne noget af støjen. Det hænder, at han giver mig lov til at skifte gear. Det er selvfølgelig ikke noget, jeg spørger om. Jeg sidder bare klar med hånden på knoppen. For det meste skubber han bare min hånd væk og gør det selv.

- at leve livet levende

Når far er inde ved kunderne, venter jeg troligt ude i bilen. Mange gange når det at blive koldt, inden han kommer tilbage. Det sker også, at jeg kommer med ind. Det kan være spændende, men også ubehageligt når opmærksomheden bliver rettet for meget imod mig.

Far og jeg står midt i stuen hos købmanden i Skads. Der sidder en masse mennesker rundt om bordet. Jeg er beklemt ved situationen og gemmer mig bag ved ham. Jeg kan mærke hans bukseben. Han skubber bag på mig og siger:
- Hils nu pænt på dem, din lille pjatrøv... - Gå nu bare over og få den småkage... - Sådan er Leif, han siger ikke så meget.

Ved en bestemt lejlighed står jeg nedenunder hos skomageren sammen med far, umiddelbart før han skal af sted. Det bekymrer mig, at far og mor i de sidste dage har talt meget om penge og noget om, at vi ikke engang har råd til salt til et æg. Far snakker med skomageren og nogle andre om, hvor hårde tider, det er. I hånden holder han sin prangerpung med en masse mønter i. For at komme min far til undsætning, siger jeg:
- Sikke mange penge du har far, og peger på hans pung.

Hvad det er, han svarer, finder jeg aldrig ud af. Men jeg kan mærke, hvordan de alle sammen griner af mig, og jeg står tilbage med min generthed.

Således var mønsteret i det rollespil, der altid foregik imellem min far og mig. Jeg brugte fuldt ud min feminine dominans for at være mest muligt sammen med ham - og alligevel skjule, hvor meget han betød for mig.

Han var, som jeg opfattede det dengang, enten irriteret på mig, lod som om han overså mig eller brugte mig som en ting. Det sidste oplevede jeg ved, at vi kun havde det rart

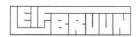

sammen, når det passede ham, og at han udstillede mig for
at gemme sin egen utilstrækkelighed.

6 års alderen

Det er min fødselsdag. Jeg er ikke stået op endnu. Jeg har
glædet mig så meget, at jeg næsten ikke kunne falde i søvn
i aftes. Mor har været inde og kalde på mig flere gange. Jeg
har hørt, hun har lavet fint morgenbord. Far og Lissie sidder
derinde med gaverne og venter på mig, men jeg kan ikke
tage mig sammen til at stå op. Jeg kan ikke holde ud, at
tænke på al den opmærksomhed jeg får, når de siger til-
lykke, og når jeg skal pakke gaver op. At jeg bagefter, skal
kigge på dem og sige tak for gaverne, vil være helt utænke-
ligt. Det bliver jeg nødt til at lade som om, jeg glemmer.

-- o --

Der er én, der prøver på at komme i kontakt med mig. Jeg
føler det, som er det første gang et andet menneske interes-
serer sig for mig. Jeg er helt i panik over, at far og mor vil
blande sig og begynde at svare for mig.

-- o --

Jeg ligger på gulvtæppet. Der er noget, jeg er ked af. Ved
siden af mig kan jeg se Jørgens små runde og bløde ben. Jeg
slår på dem, så han falder og begynder at græde. Det hjæl-
per lidt på humøret.

-- o --

Mor har syet nogle fine bukser til mig. De kradser. Så syr
hun fór i. De kradser stadigvæk. Nu bliver hun både vred
og ked af det - og siger, det er noget, jeg bilder mig ind.

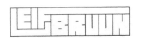

Jeg står overfor min far med et spil ludo.
Jeg vil gerne spille med ham,
men han afviser mig
og skubber mig væk.

Min lillesøster Annie er 6 år yngre end mig. Hende accep-
terede jeg fra starten. Jeg ved ikke hvorfor, men der opstod
aldrig det samme misundelsesforhold, som jeg havde til
Jørgen:

Jeg kan godt lide at lege med hende. Jeg driller hende,
tager sutten, lægger legesagerne så hun lige akkurat ikke
kan nå dem og forhindrer hende i at kravle hen til dem.

Skolealderen

Jeg er begyndt at gå i børnehaveklasse. Klasseværelset er
fyldt med børn ved lange borde og små stole. Jeg har svært
ved at være der. Jeg oplever, hvordan de andre kan have
noget sammen. Så fri tør jeg ikke være. Så vil de jo kunne
se alle mine skavanker. I stedet gemmer jeg mig, og prøver
på at se betydningsfuld ud.

-- o --

Det er min fødselsdag. Jeg har haft mange skænderier med
mor om, at der ikke må komme gæster - hverken familie
eller kammerater. Mormor og morfar kommer alligevel om
aftenen - sådan helt tilfældigt med en gave. Det er jeg glad
for, de er næsten heller ikke gæster.

I hele min barndom holdt jeg ikke min fødselsdag og var
næsten aldrig med til at fejre andres.

- at leve livet levende

• **Lillebror**   Jeg græder indvendig. Jeg står og skuler til mor, hun må ikke se det. Jeg kan se, hun er glad for Annie og Jørgen. Hun smiler til dem og pjatter med dem. Sådan har hun aldrig gjort med mig. Jeg er ked af, at hun ikke kan lide mig. Jeg er familiens sorte får.

Set i bakspejlet tror jeg, det er reelt nok, at min mor var anderledes overfor mine mindre søskende, end hun havde været overfor mig. Det hænger både sammen med at mine forældres forhold var mere stabilt i den periode, og selvfølgelig fordi mine søskende var meget mere socialt indstillede, end jeg.

-- o --

Mor omtaler Jørgen med slet skjult stolthed:
- Ham er der krudt i... - Man skal være over ham hele tiden, ellers laver han ulykker.

Alle roser Jørgen:
- Han er så sød og dygtig... - En rigtig spilopmager, der forstår at tiltrække sig opmærksomheden.

Jeg lader som om, jeg ikke hører det.

-- o --

Drilleri og ydmygelse blev mit våben til at holde det ud:
Jeg ligger på gulvet og leger med mine biler. Det fryder mig, at jeg ud af øjenkrogen kan se, at Jørgen gerne vil lege med. Jeg lader som om, han er luft for mig.

-- o --

Jørgen og jeg leger sammen. Det vil sige, jeg binder ham på hænder og fødder. Jeg bliver helt euforisk over at se min ellers så glade og selvsikre lillebrors hjælpeløshed. Jeg driller ham, kilder ham og prikker til ham, så han bliver bange

og begynder at græde. Så skynder jeg mig at løsne ham op igen, inden mor kommer og ser det.

-- o --

-- o --

Min klasselærer, Lager-Larsen er en tør, træt og alvorlig mand. Vi har haft salmevers for som lektie. Der er en nervøs stemning i klassen. Lager-Larsen forlanger, at vi skal kunne sige versene udenad. Jørgen står oppe ved tavlen, han er gået i stå. Han har helt opgivet ævred. Han prøver ikke en-gang på at komme i gang igen, men falder bare helt sam-men.

-- o --

Jeg sidder med mandlen i munden. Det er juleaften, og jeg har vundet mandelgaven! Men nej, det er alligevel for me-get af det gode, så for at undgå opmærksomheden spiser jeg mandlen. Det er rigeligt, at jeg lige om lidt bliver nødt til at danse om juletræet.

-- o --

Jeg føler mig meget alene i skolen. Der er mig - og så alle de andre. Kun Preben leger jeg med engang imellem. Han bor i det store grimme hus. Det gør Prebens far ikke! Preben bliver let hidsig, så napper han.

-- o --

Vi er på besøg hos moster Rosa og onkel Tora i Sverige. Alle de andre har det sjovt med at snakke svensk. Det er jeg alt for genert til at prøve på. Jeg finder dog ud af, at is hed-der *glas* på svensk. Det får vi meget sjov ud af.

-- o --

Genkaldelsen begynder med, at jeg kan smage vaseline på mine tænder! Det viste sig at være efter en af skoletandlægens utallige forsøg på at lave mine fortænder pænere. Da jeg var ked af mine grimme tænder, udholdt jeg villigt rædslerne i tandlægestolen med hendes boren og sliben med den larmende Storm P.-agtige snoretræksboremaskine:

- Du må hverken spise eller drikke de næste 2 timer, råber hun formanede efter mig, da jeg fortumlet er på vej ud af klinikken.

Det var lige efter, at hun havde smurt tænderne ind i vaseline.

-- o --

Jeg har en dejlig fornemmelse af, at mor sympatiserer med mig. Jeg er syg og ligger i sengen. Jeg har fundet ud af, at hvis jeg lader mig irritere af Jørgen, skælder mor ud på ham.

-- o --

Vi har sangundervisning med lærer Toft. Han har fået øje på, at jeg ikke synger med, men bare står og mimer. Nu forlanger han, at jeg skal synge alene. Der kommer ikke en lyd over mine læber. Det eneste, jeg opfatter, er den fnisen, der opstår bagved.

Så spiller han blot én tone på flyglet, og hidsigt beordrer han mig til at synge den. Af bare skræk tør jeg ikke andet. Men med alle muskler i strube og nakke snøret sammen, kommer det til at lyde som det angstskrig, det vitterligt også er. Hele klassen griner højlydt.

Der gik flere årtier inden jeg igen forsøgte at synge. I den mellemliggende tid blev jeg fyldt med angst bare ved tanken om, at der skulle synges, hvad enten det var i skolen, til spejder, rundt om juletræet eller til andre anledninger.

• Selvforherligelser

På livets vej er der mange nederlag, man skal igennem. Det er gennem dem, man drager sine erfaringer og bliver klogere. Men når man, som jeg startede tilværelsen med opfattelsen af ikke at være go' nok, så bidrager selv de mindste nederlag til selvopfyldelsen af denne opfattelse. En sådan virkelighed var alt for barsk til, at jeg uden videre kunne leve med den. Selvforherligelser - og nedgørelser af andre, der i princippet er det samme - blev min måde at overleve dette på.

Selvforherligelserne foregik for det meste på tankeplan og oftest ubevidst. Ved at glorificere forskellige hændelser, levede jeg mig ind i min egen fantasiverden og gjorde mig selv til helten, som alle andre så op til. På den måde stivede jeg mig selv af og glemte alle livets fortrædeligheder. Selvforherligelserne kunne også finde sted i form af handlinger eller ved en kvik bemærkning, som gjorde indtryk på andre.

Når jeg på disse måder gjorde mig selv høj, bristede illusionerne nødvendigvis ind imellem, hvorved jeg faldt endnu længere ned, end jeg var i forvejen. For at komme op på hesten igen, lavede jeg endnu grovere selvforherligelser. Det er den måde de maniske og depressive kræfter fungerer på i forbindelse med mindreværd.

Denne maniske effekt opnåede jeg i høj grad ved at drille andre. Og den, der var nærmest til at lægge ryg til dette, var min lillebror:

Jeg er jaloux på Jørgen og driller og napper ham, til han begynder at græde. Mor kommer og trøster ham og skælder mig ud:
- Driller du nu igen din dumme unge.

-- o --

- at leve livet levende　　　　　　*67*

Jeg leger med Jørgen. Jeg har en elastik, jeg svirper ind på hans små runde, glade ben, indtil han begynder at græde. Så kommer mor farende og skælder mig ud:
- Hvor er det irriterende, at du altid skal drille sådan.

-- o --

Lissie jagter mig højlydt rundt i lejligheden.
Hun er meget vred.
Jeg har rørt ved nogle af hendes ting.
Hendes skarpe negle napper og kradser mig.

-- o --

Mor omtaler sine børn:
- Annie er sød... - Jørgen er der krudt i, han skal nok blive til noget...
- Lissie er en fornuftig pige... - Leif er irriterende, han driller hele tiden.

-- o --

- Leif siger ikke så meget, men når han endelig siger noget, er det noget der rammer, siger mor.
   Det sidste sagde hun med stolthed i stemmen. Desværre tog jeg det også til mig som noget positivt.

-- o --
-- o --

Far gør tilnærmelser til mor, holder om hende, kilder hende og prøver på at kysse hende. Hun skriger hysterisk:
- Du ved, jeg ikke kan ha' det, skælder hun ud.
Det er altså forkert at have varme følelser for hinanden og endnu mere forkert at vise dem.

-- o --

- at leve livet levende

Mit bedste legetøj er en hvid tekno-lastbil. Reservehjulet ligger ovenpå taget og fungerer samtidig som rat, der kan dreje forhjulene. En dag jeg kommer hjem fra skole, ligger Jørgen ude i gangen med min bil. Han er ved at smadre den fuldstændigt med en hammer.

Jeg er efterladt alene i skolegården,
de har låst mine ben
omkring en af stolperne i regnvejrsskuret.

Jeg er med far nede på Shell-lageret. Jeg læsser gasflasker på lastbilen. Uheldigvis rammer en flaske ned på min storetå. Det gør meget ondt, og jeg må ligge i sengen i flere dage.

Lissie stråler som en lille sol.
Det er hendes konfirmation, og der er stor fest.
Jeg gemmer mig det meste af dagen.

Vi står i garagen nedenunder, hvor far er begyndt med udlejning af biler - uden fører. Far taler til en mand og appellerer om medfølelse, fordi et stort udlejningsfirma lige er startet og er ved at ødelægge hans forretning. Det går ham så meget på, at han bliver syg. Til sidst er det så slemt, at han bliver indlagt på sygehuset og er væk i længere tid.

Da han kommer hjem igen, er han sløv og neddæmpet. Men det er alligevel en god periode, for han og mor bliver ikke uvenner og skændes næsten ikke. De taler meget om, hvor onde andre mennesker er.

-- o --

- at leve livet levende

Jeg følges med Erik hjem fra skole. Han vil lege med mig, hvis jeg vil være med til at lege doktor. Det foregår i et skur i hans mormors baghave. Jeg skal tage bukserne af og lægge mig på maven. Doktor-Erik undersøger mig, det er spændende, ophidsende og meget forbudt.

- - o - -

Gadelygten lige udenfor stuevinduet sender et skarpt lys ind. Jeg sidder for mig selv i moster Ullas sofa og er trist. Ikke engang mine julegaver, der ligger på bordet foran mig, gør mig glad. Alle de andre sidder rundt om spisebordet og hygger sig. Det virker uhyggeligt med den hvide dug, de hvide skjorter og det skarpe lys. Jeg vil meget hellere holde jul hos mormor, som vi plejer. Først da vi kommer hjem med taxaen, synes jeg det er juleaften. Men nu skal vi i seng.

-- o --

Jeg er inde på værelset og er ved at gøre klar til at gå i seng. Annie sover allerede. Hun ser sød ud, som hun ligger der på ryggen. Jeg kysser hende på munden. Hun lugter lidt af svovl, men det er dejligt spændende alligevel.

Det er det eneste kys, jeg kan huske fra min barndom.

-- o --

Jeg sidder i stuen og lader som om, jeg læser,
men i virkeligheden holder jeg øje med de andre.
De har det sjovt med hinanden.

• Spejderlejr   Jeg havde fået mange nye kammerater i det nye kvarter, hvor vi nu boede. Det gav mig mod til at blive spejder og tage på spejderlejr. Det

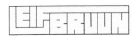

var en stor udfordring, der krævede mange blokeringer, vurderet ud fra de mange energiophobninger den skabte. Hjemmefra i flere dage uden far og mor, og socialt samvær med nogle, jeg ikke kendte i forvejen. Så var det svært at bevare styringen:

Vi holder olympiade.
Jeg er med til at spille fodbold.
Det plejer jeg at være god til,
men i dag er jeg alt for ufri
og kan slet ikke klare det.

Jeg skal også være med til 200 meter løb. Der er nogen, der siger, jeg er den bedste og vil vinde. Desværre får jeg ondt i maven og kommer slet ikke til start. I stedet får jeg en sukkerknald med kamferdråber på.

Om aftenen har vi fællessang.
Alle undtagen mig synger
højt og stemningsfyldt.
Jeg sidder med min kedafdethed
og savner mor og far.

Jeg er rædselsslagen! Lynlåsen i min sovepose er gået i baglås. Jeg føler mig hjælpeløst spærret inde. I løbet af et øjeblik sveder jeg over det hele. Der er en masse larm på sovesalen, og jeg tør ikke sige det til nogen, så vil de bare drille mig. Pludselig åbner lynlåsen alligevel.

-- o --

-- o --

Jørgen vil spille bordtennis med mig.
Jeg lader som om, jeg ikke hører ham.

For jeg ved ikke hvilken gang, bliver jeg vækket midt om natten, fordi mor og far skændes voldsomt. Det værste er, at det snart er jul. Tænk, hvis de ikke når at blive gode venner inden. Så er julen ødelagt. Jeg kan slet ikke forstå, hvad det er, de er uenige om. Det lyder mere som om, de gensidigt er bange for hinanden. Med deres grove beskyldninger og afvisninger holder de hinanden fra livet.

-- o --

Mor fortæller med stolthed i stemmen, at Jørgen skal være læge eller ingeniør, når han bliver stor. Hun mener, jeg bliver brandmand eller togfører, men det fortæller hun ikke nogen.

Jeg er inde ved Heinels
og spiller kort med Erik.
Så kommer Jens.
Efter at de har hvisket lidt sammen,
siger Erik til mig:
- Ska' du ikke hjem nu?

Rødhårede og fregnede Freddie er meget alene i skolen. Han bliver let nervøs med våde hænder og kan ikke finde ud af ret meget. Desuden er han beskidt og grim i tøjet. Lige nu prøver han på at komme i kontakt med mig. Jeg overser ham. Jeg vil ikke nedværdige mig til at snakke med ham. Jeg kan mærke, han bliver ked af det.

-- o --

- at leve livet levende

Vi er på besøg hos Grete og Christian i Århus. Alle de andre har det skægt inde i stuen. Jeg ligger alene på værelset, og lader som om jeg læser. Datteren Birthe kommer ind et par gange og snakker med mig. Hun er sød, men jeg lader som om, hun forstyrrer mig.

Jørgen leger med sin kammerat derhjemme.
De er bare luft for mig.

Brinck Nielsens har lukket deres mælkeudsalg. I stedet har far lejet forretningen og indrettet en lille udstilling med gasudstyr. Der er en mand derinde for at se på et gaskomfur. Han og far bliver uenige om et eller andet og kommer op at skændes. Far puster sig op og råber efter ham, selv om manden allerede er gået helt ud på gaden.

• Skolen   Pigerne i klassen tør jeg ikke tale med. Bare der er en pige i nærheden, bliver jeg rødmende og tavs. Jeg nøjes med at skule til dem og kigge misundeligt på Lars og Tony, som står og snakker med dem som den naturligste sag i verden.
Det er det overhovedet ikke!
-- o --

Det nærmeste jeg kommer, er, da Birgit driller mig ved at tage mit viskelæder. I kampens hede holder jeg om hende og kommer til at strejfe hendes små bryster.

På skolebiblioteket
vil Lager-Larsen have mig til at læse højt.
Rød i hovedet og usammenhængende gør jeg det,
uden at ane
hvad det er, jeg læser.

Mor kalder på mig ude fra køkkenet:
- Der er brev til dig fra skolen.

Jeg skal starte i almen 6. klasse efter sommerferien, står der. Det vil med andre ord sige, at jeg ikke er egnet til at komme i boglig. Jeg smider brevet på bordet og går uden at sige noget. Jeg er helt slået ud.

Skriftligt har jeg fået autoriteternes ord for, at jeg ikke er go' nok.

-- o --
-- o --

Lissies kæreste Finn er ved at vaske sin scooter i vores have. Jeg taler hverken til ham eller Lissie. De er luft for mig. Jeg svarer heller ikke på det, de spørger om. Jeg forstår ikke, hvad det er, der får mig til at være sådan. På en eller anden måde minder det mig om min fars attituder.

- - o - -

Far og mor skændes og nedgør hinanden om natten. Det kommer nu ikke bag på mig, for far tog allerede de fine sko på i går eftermiddags, hvor de blev uvenner. Han trippede rundt i lang tid inden han gik. Næste morgen har mor sol-briller på, hun har fået et sæbeøje. Hun er rendt ind i en dør, siger hun.

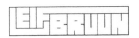

Teenagealderen

Elin går - strålende som en lille sol - rundt i klassen og deler invitationer ud. Hun er den første, der inviterer til rigtig fødselsdagsfest - aftenfest med spisning og dans. Der breder sig en spændt hvisken og tisken, efterhånden som hun kommer rundt. Undtagen hos dem der ikke bliver inviteret, de bliver mærkbart tavse og triste. Jeg er én af dem. Jeg gider heller ikke sådan noget tøsepjat, aftaler jeg med mig selv.

Men hvor gjorde det ondt alligevel.

I engelsk skal vi i kor sige *the*.
Det skal jeg ikke nyde noget af.
Jeg tør ikke engang sige noget på dansk
til den nye lærer.

Jeg går og glæder mig. Jeg har store forventninger til weekenden. Jeg har en aftale med far om, at vi skal hjælpe hinanden med at lave en flisegang af knækfliser i baghaven.

Vi kommer også godt i gang, men det viser sig hurtigt, at han har opfattet det sådan, at det er mig, der skal hjælpe ham. Hent ditten og giv mig lige datten, kommanderer han med mig. Hvis jeg giver mit besyv med, afviser han mig, og begynder jeg på noget af mig selv, er det helt forkert.

I løbet af kort tid, er jeg helt lamslået af afmagtsfølelse. Jeg går min vej uden at sige noget.

-- o --

- Vi er fattige som kirkerotter, skælder mor.
Igen bliver jeg vækket midt om natten. Det kommer nu ikke bag på mig, for far tog allerede de fine sko på i går eftermiddags, hvor de blev uvenner. Han trippede rundt i lang

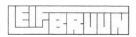

tid, inden han gik. Mor føler sig forurettet, og fortsætter med at skælde ud:

- Her går jeg og slider mig selv op med arbejde, passer hus, laver mad og passer børn, og du går bare i byen hele natten, og solder pengene væk.

-- o --

Naboens Lone kommer meget hos os for tiden. Jeg kan mærke, at hun er interesseret i mig. Men jeg har det ubehageligt med hendes naturlige og ligefremme måde at være på. Hun kommer bare, og er der på en høflig og smilende måde. En dag, jeg er alene i kælderen, kommer hun helt hen og stiller sig foran mig, kigger op på mig og smiler.

Jeg bliver bange og flygter.

-- o --

Så klarer jeg mig bedre på fodboldbanen. Klodsede Lorte-John i korte bukser og med lange sorte gummistøvler er målmand. Jeg finder ud af, at jo mere jeg ydmyger og griner af ham, des bedre kan jeg snyde ham og lave mål.

Der er trist derhjemme.
Lissie og Finn er ikke kærester mere.
Lissie er meget på sit værelse - og græder.
Men det er ikke noget, vi snakker om.

Jeg er med hjemme ved mors arbejdskammerat, Lis. Der er noget tiltrækkende ved hende. Hun snakker så selvfølgeligt og naturligt til mig. Vi bader på skift i hendes badekar.

- - o - -

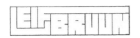

Lis's mand har givet mig en gammel knallert, som jeg er ved at renovere nede i kælderen. Jeg skiller den ad, gør stumperne i stand og malet dem. Nu kan jeg høre min far er på vej ned af trappen. Jeg glæder mig til at vise ham, hvor langt jeg er kommet. Men han kigger bare uinteresseret på den og går ind i fyrrummet.

Ikke engang den præstation kan altså overbevise ham om, at jeg er go, nok.

-- o --

I frikvarteret taler Lars og Tonny om fester og piger. Jeg føler mig helt fortabt og lukker mig inde i min kedafdethed.

Det eneste, jeg husker fra min konfirmation,
er, at far trykker mig ned på stolen,
fordi jeg rejser mig op sammen med de øvrige,
da der skal råbes hurra.

Jeg står og gør mig høj i selvforherligelser. Jørgen og jeg er nemlig kommet hjem samtidig. Vi har hver for sig været ude og plukke jordbær hos en gartner. Jeg har tjent en masse penge, og Jørgen er blevet fyret. Mor siger noget, og Jørgen bliver sur og går.

• Far   Jeg kan ikke huske, jeg nogen sinde har talt med min far. Jeg spurgte ham aldrig om noget, og han talte kun til mig og om mig. Vores kommunikation foregik med enstavelsesord, og en egentlig samtale, tror jeg aldrig, vi har haft.

Jeg ved, hvor utroligt meget han betød for mig, og jeg tvivler ikke på hans kærlighed til mig. Men det lykkedes os

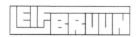

aldrig at gøre os større end vore rollespil og være noget for hinanden. Vores samvær svandt efterhånden ind til ingenting. Førhen kunne det ske, at vi lavede noget sammen. Spillede forskellige spil m.m. Men det døde lige så stille ud. Jeg ville gerne, men kunne jo ikke bare spørge, om han ville være med. Så vi gik bare rundt om hinanden uden at sige noget.

Han gjorde mig utryg. Det var, som om han kunne se lige igennem mig og gennemskue mine rollespil. Hvilket ikke var så mærkeligt, eftersom jeg havde kopieret de fleste af dem fra ham. Det værste, jeg kunne komme ud for, var, når han gik imod mine rollespil. Så følte jeg mig fanget og blev helt desperat:

Familien er samlet i køkkenet. Der har i lang tid været noget, hvor min far og jeg, som hund og kat har gået og luret på hinanden. På et tidspunkt bryder far tavsheden og taler direkte til mig. Jeg husker hverken, hvad han siger, eller hvad det drejer sig om, men kun at han giver udtryk for, at han ikke tror på noget, som jeg lige har fortalt. Dette udløser samtlige de indestængte energier, jeg i perioden har opsamlet. Jeg bliver så voldsomt ophidset, som jeg aldrig nogen sinde har været, hverken før eller siden.

Som sagt er vi lige stædige, så han trækker sig ikke tilbage, og vi står som to kampklare haner og råber og skriger til hinanden. Heldigvis redder mor situationen ved at gå imellem, skubbe far væk og sige:
- Lad ham nu være, du kan da se, han er gået helt ud af sit gode skind.

På en eller anden måde fik jeg dette opgør vendt, så jeg opfattede det som en sejr. De stærke bånd han hidtil havde kunnet styre mig med, snærede ikke nær så meget mere. Jeg blev ham mere jævnbyrdig.

-- o --

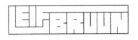

-- o --

Der er startet en mælkepub inde i byen. Kammeraterne i gaden har været derinde og taler begejstret om deres oplevelser. Jeg står og drukner mig i kedafdethed.

-- o --

Jeg står udenfor på trappen og snakker med Svend fra klassen. Han er kommet for at besøge mig. Jeg kan godt lide at være sammen med ham og har været med ham hjemme flere gange. Hjemme hos Svend bruger vi hele huset, og hans mor smører franskbrødsmadder og laver kakao til os.

Vores mælk står ved siden af døren i glasflasker. De ser kridhvide ud og har farvede sølvpapirslåg. Dem får vi meget tid til at gå med at snakke om.

Jeg kan mærke, han synes, det er mærkeligt, at jeg ikke inviterer ham indenfor. Men jeg tør ikke. Hvad vil de andre tænke, hvis de hører, hvor meget jeg kan snakke? Eller hvad vil Svend tænke, hvis jeg bliver lige så mut, som jeg plejer at være, når jeg er hjemme?

Svend er en ligevægtig fyr,
selv Bruno fra gaden giver han tørt på,
så han bliver helt mundlam.

Jeg tilbringer meget tid derhjemme med at stå og kigge ud på gaden, i håb om at der er nogen, der vil kalde på mig. Hellere det end selv starte på noget. Tænk, hvis jeg bliver afvist!

-- o --

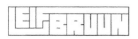

I min fodboldklub *Jerne* spiller jeg på juniorholdet. Da drengeholdet trænger til assistance, bliver jeg lånt ud til dem. Især fordi jeg er så lille af min alder, at modstanderne ikke vil få mistanke om, at jeg er for gammel.

Det fungerer slet ikke. Jeg føler opmærksomheden og ansvaret alt for stort. Og træneren skælder ud på mig. Det gør det ikke bedre.

-- o --

Hele stuebordet er fyldt med papirer. Jeg har siddet hele aftenen og hjulpet min far med nogle regnskaber. Udover regnskaberne taler vi ikke sammen. Alligevel oplever jeg dette samarbejde som det tætteste, vi nogen sinde har været hinanden. Han tilbyder mig en cigaret, og jeg tager imod den.

Min første officielle cigaret - efter at have røget i skjul i næsten 3 år. Jeg kan mærke hele familiens opmærksomhed hviler på mig, og mine kinder blusser. De snakker om, at de har vidst det længe.

Ungdomsårene

Min tidligt erhvervede opfattelse af, at kan man ikke hævde sig på andre måder, kan man som regel klare det ved at nedgøre andre, fik jeg yderligere grundfæstet på min nye læreplads hos Autoforum:

Luften er dagen igennem tyk af intriger, stort set alle taler nedsættende om hinanden. Alle er de små bange mænd med et stort behov for at retfærdiggøre sig selv.

-- o --

- at leve livet levende

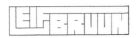

Jeg sidder med armen om den flotteste pige i hele dansere-
staurationen. Vi holder svendegilde. Pigen er den nye elev
fra kontoret. Ret meget andet husker jeg ikke. Næste ar-
bejdsdag bliver jeg heller ikke klogere, de andre griner bare
så underfundigt af mig.

Her fandt jeg mit nye værktøj, som jeg brugte flittigt de
næste mange år. Hver gang, der var optræk til fest og dans,
druknede jeg mig i øl og sprut. Det er ikke meget, jeg husker
fra de forskellige fester, jeg har deltaget i.

Det afgørende tidspunkt i enhver fest var for mig, når
man begyndte at danse. Hvis jeg ikke var fuld nok, turde jeg
hverken byde en pige op eller at danse. I stedet druknede
jeg min kedafdethed i mere sprut. Blev jeg for fuld, blev jeg
syg, og festen var forbi. Blev jeg tilpas fuld og kom i gang
med at danse, kunne det blive en god fest.

Dagen efter var det meste, som sagt, glemt igen.

-- o --

Far får ikke, som han havde forventet det, tilbuddet om at
blive taxavognmand og må fortsætte med at køre som
chauffør aften og nat. Han taler meget med mor om, hvor
dumme Lundberg og andre taxafolk er.

-- o --

Jeg havde svært ved at klare omgangstonen på mit arbejde.
Lærlinge, svende, lagerfolk og værkførere brugte hinanden
indbyrdes og på tværs til at komme af med deres frustratio-
ner:

Jeg har været uheldig at lave en bule i en bil. Ekmann
kalder mig op på værkførerkontoret og skælder ud, som er
jeg en forbryder.

-- o --

Jeg hjælper Erling med at hovedreparere en Fiat 600. Jeg gør mig meget umage, men han er sur og skælder ud alligevel. Alt hvad jeg gør er forkert.

Når jeg hjalp ham, sad jeg det meste af tiden på wc og røg pibe.

-- o --

Laila ringer og siger, jeg skal komme ned på banegården, hvis jeg har lyst til at være sammen med hende. Jeg skynder mig at køre ned til hende for at fortælle, at det har jeg ikke.

- Det kunne du bare have sagt i telefonen, siger hun skuffet.

Men hun ved jo heller ikke noget om, at jeg ikke kan tale i telefon, når de andre er hjemme. For øvrigt vil jeg gerne være sammen med hende, jeg tør bare ikke vise det.

• **Far** Far køber hyrevognsforretningen *Tria Bilen*. Det er fra først til sidst en dødssyg forretning, der ikke bliver bedre af, at han straks går i krig med Taxa og Ringbilen, og at han kun kan få fat i byens mest fordrukne chauffører.

Jeg passer centralen både aften, nat, weekend og højtider, ligger på græsplænen derhjemme og reparerer biler, og låner ham alle mine sparepenge:

- Bare hold regnskab med hvor meget jeg skylder dig, siger han.

Vi har aftalt en god timeløn, men jeg ser aldrig nogensinde så meget som en krone.

Han er ved at overtale min arbejdskammerat Mogens til at blive kompagnon, men har er heldigvis fornuftig nok til at sige nej.

Først lang tid senere bliver jeg selv lige så klog og trækker mig ud af det. På det tidspunkt skylder far gud og hver

mand penge og sidder selv på værtshus det meste af tiden.
Til sidst er det så galt, at vi må flytte fra vores hus.

-- o --

-- o --

I den her måned er det Tom, jeg skal hjælpe. Det er den af
svendene, jeg bryder mig mindst om, fordi han er så utilreg-
nelig. Han kan være flink - ja nærmest slesk, hvis der er
noget sladder, han gerne vil have fat i - for så i næste øjeblik
at eksplodere i vrede og fornærmethed. Jeg kan tydeligt se
for mig hans hvide fregnede hænder med de brede fingre
begravet i et bagtøjsdifferentiale, mens han fnyser af andre.

-- o --

Jeg bliver også god til denne adfærd. Jeg står nede under en
bil og skælder ud på Johannes. Vi er ved at lufte bremser
ud. Johannes sidder inde i bilen, og skal pumpe med peda-
len. Men han gør det ikke godt nok.
    Johannes er yngre i lære end mig!

-- o --

Den dygtigste mekaniker hedder Egon. Ham hjælper jeg
meget om aftenen med at renovere Ford A biler. Under et
svendegilde kommer Egon i snak med en ældre læredreng,
og derefter kan han ikke bruge mig mere.
    I resten af min læretid, talte jeg ikke til Egon.

-- o --

Jeg har Laila med hjemme. Vi er i seng sammen. Jeg er flyt-
tet hjemmefra og har fået mit eget loftsværelse. Jeg må ikke
røre ved hende. Hun er engang blevet voldtaget af sin far,
siger hun.

- at leve livet levende   *83*

Jens Erik
en yngre læredreng
er meget interesseret i, hvad det er,
jeg arbejder med.
Jeg viser min overlegenhed
ved ikke at svare.

Ekmann skælder mig igen voldsomt ud. Han kan ikke forstå, hvordan det kan tage 4 timer at skifte en kølerslange. Men det kan det faktisk, når det er den nederste på en Morris Maskot.

-- o --

Det slår efterhånden helt klik for far. Hele lejligheden flyder med taxasamtaleanlæg og radiorør. Mor og vi andre skal hele tiden prøve at kalde ham:
- Kalder vogn 10. Kalder vogn 10.

Han har kun én bil - en gammel Peugeot, men vi skal kalde den vogn 10. Det nærmeste vi kommer et svar, er en skratten i højtaleren.

Det bliver værre og værre med ham, han sover ikke og ligner et lig i ansigtet. Han taler hele tiden og skælder ud på alle folk, selvom han næsten ingen stemme har tilbage.

En dag jeg kommer hjem, er der helt nye lædermøbler og et kæmpe skrivebord i stuen. Få dage efter har møbelhandleren hentet det hele igen, og stuen er tom.

Jeg oplever det som en befrielse, at han bliver indlagt på hospitalet.

-- o --

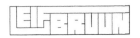

Der er en praktikant på arbejde, der skal følge mig. Det gør mig høj. Alt det, jeg skal vise ham: Reparere biler, prøve-køre dem, lige smutte en tur hjem omkring Esserik og hilse på ham.

-- o --

Jeg er med Esserik på mælkepub. Straks vi kommer ind, går han hen til nogle piger og snakker med dem. Jeg har ellers forberedt forskellige ting, jeg vil sige og gøre, men der er ikke noget af det, der gør indtryk. I stedet drukner jeg mig i kedafdethed og går alene hjem.

-- o --

I begyndelsen går det godt på teknisk skole. Først fileskolen med Millimeter-Petersen, hvor jeg får meget ros og når at lave alle ekstraopgaverne. Også de teoretiske fag med blandt andet teknisk tegning interesserer mig, og det går fint. Senere går det stik modsat. Jeg kan ikke med lærerne og demonstrerer ligefrem min uvilje mod at lære noget ved at lave fis og ballade ud af det hele.

-- o --

Mor er bekymret over, at jeg ikke kommer så meget hjem mere.
- Så længe du ikke hører fra mig, er det fordi, jeg har det godt, får hun at vide.
Jeg troede selv på, at det var en tilfredsstillende og rime-lig ordning for hende!

-- o --

Far er kommet hjem igen. Nu er han helt anderledes rolig, omgængelig og konfliktsky. Han går rundt som i slow mo-tion, spørger til alt og blander sig i alt, men mener alligevel ikke noget om noget som helst.

- at leve livet levende   *85*

Det reagerer voldsomt inde i mig, at han opfører sig så-
dan. Nu viser han interesse for mig og taler med mig. Det
er jo det, jeg altid har ønsket. Men nu er det ham, der har
behov for det på hans utålelige og vattede måde. Det er bare
for meget. Jeg lukker mig inde i mig selv. Spørger han mig
om noget, overhører jeg ham. Flere gange vrisser jeg af ham
og skælder ud, men det generer ham tilsyneladende ikke.
Han finder bare andre ligegyldigheder at snakke om.

• Maskinmesterskolen

Det er helt anderledes
store krav, der stilles på
skolen, end jeg har oplevet før. Der er mange, der falder fra
allerede efter de første uger. Jeg knokler løs. Lærer Arne
Christensen siger, det er bedre at være fagidiot, medens man
er her, og have det rart bagefter - end omvendt. Det tager
jeg meget til efterretning.

-- o --

Jeg sidder ved siden af Frans. Han har svært ved at følge
med. Jeg driller ham, men mærker pludselig hans våde hæn-
der og ser, at han er ked af det.

-- o --

Hansen underviser i termodynamik. Han forstår ikke ret
meget af det selv, men har lært det hele udenad. Det gør det
kedeligt at høre på. Jeg finder ud af, at jeg kan gøre mig
interessant, ved at forklare det på en anden måde og spørge,
om det er det, han mener.
Han bliver usikker, og vil kun svare på sin egen måde.

-- o --

Jens kigger på mig oppe fra tavlen og siger bebrejdende:
- Vi kan ikke alle sammen være lige så kloge som dig.

Jeg havde lige fyret en smart bemærkning af, som andre grinede af.

-- o --

Nu er det mig selv, der står ved tavlen og kan mærke hele klassen i ryggen. Jeg havde løsningen på det hele derhjemme i aftes, men nu sidder ordene fast i halsen, og det hele er tåget for mig. Jeg bliver enig med mig selv om, at det er også lige meget, og sætter mig ned på plads igen.

Det har nu ikke været helt lige meget, for jeg er meget tung i hovedet.

-- o --

Jeg er hjemme ved Bjørn. Han har det svært på skolen. Han vil have mig til at hjælpe med lektierne, men jeg vil ikke give ham løsningen uden videre. Pludselig bliver han sur og pakker sammen.

-- o --

Jeg besøger en pige på seminariet i Jelling. Vi er på danserestaurant i Vejle og bagefter hjemme hos hende. Det går meget trægt, og jeg bliver tungere og tungere. Jeg kører hjem i utide og bliver enig med mig selv om, at hun heller ikke er noget for mig.

Arne Christensen kigger fornærmet på mig.
Det er lige efter jeg har sagt:
Var det ikke bedre, at gøre det på en anden måde.

Min kusine Karin kommer på uanmeldt besøg sammen med sin kæreste. Der er ikke andre hjemme end mig. Jeg aner ikke, hvad jeg skal stille op med dem. Jeg lukker dem ind i

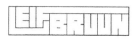

stuen og går selv ud i køkkenet. Da mor kommer hjem fra arbejde, stikker jeg af.

-- o --

Jeg er hjemme ved Bjørn. Vi drikker påske øl. Jeg drikker mange, for vi skal i byen bagefter. Så mange at jeg bliver syg og kaster op. Bjørn siger bebrejdende:
- Det er for dårligt, du behøver at drikke dig mod til for at gå i byen.

-- o --

Jeg er så høj, at jeg er ved at revne. Jørgen har bedt om min hjælp til noget matematik. Jeg kan slet ikke samle min opmærksomhed om opgaven, så det bliver ikke til andet end ordkløveri.

Julen holder vi hos Lissie og Poul,
hvor jeg føler mig tung, tavs og trist det meste af tiden.
Hvorfor er det sådan?

I timerne spiller jeg skak med Svend - min største konkurrent på skolen. Vi er begyndt på udvidet maskinmester og går nu i klasse sammen. Tidligere så jeg ham kun på afstand i parallelklassen og hørte om, hvor dygtig han er. Han fik de højeste karakterer i sin klasse, og jeg fik det i min.

• **Far** Det er igen helt galt med far. De fine sko med de hurtige, hårde skridt, er hele tiden i aktivitet - samtidig med, han skælder og smælder på alt og alle: Mor, Taxa, Ringbilen, forskellige chauffører, bankfolk og sagfø-

- at leve livet levende

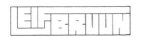

rere. Alle er de imod ham! Han er egentlig flyttet hjemme-
fra, men kommer alligevel på alle tidspunkter af døgnet og
tyranniserer hjemmet.

Af en eller anden grund generer han ikke mig. Men da jeg
står midt i at forberede mig til maskinmestereksamen, er det
alligevel så belastende, at jeg beslutter helt at holde mig
væk.

Den fred varer kun i få dage, så kommer mor og Annie
op på mit værelse og fortæller grædende om alle de uhyr-
ligheder, far laver. Blandt andet at han har taget fat i Annies
kæreste og lovet ham bank.

Nu skal dette vanvid stoppes, beslutter jeg uden at tale med
andre om det. Jeg ved, at far er alene derhjemme. De andre
er taget op til min storesøster i Aulum, fordi mor ikke kan
holde ud at være derhjemme mere. Så jeg går hjem til ham
- fast besluttet på, at uanset hvad der sker, vil jeg tage nøg-
len fra ham og smide ham ud.

Da jeg kommer ind, går jeg direkte hen til ham og siger
med voldsom stemmekraft, hvad jeg vil, og hvad jeg mener
om ham. Det er en utrolig lettelse, at jeg med det samme
kan se, at han tror på, jeg mener det alvorligt. Uden ret me-
get vrøvl giver han mig nøglen og går.

Da jeg efterfølgende ringer til Aulum og fortæller, hvad
jeg har gjort, og at mor godt kan komme hjem igen, føler
jeg mig meget som Palle alene i verden.

Freden varer igen kun kort. Godt nok holder far sig væk fra
hjemmet, men i stedet begynder han af følge efter mor, når
hun om morgenen er på vej til arbejde, og råber ukvemsord
efter hende.

Endnu engang beslutter jeg at opsøge ham. Jeg sætter mig
ind ved siden af ham i hyrevognen, og med voldsom raseri

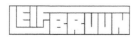

lover jeg ham bank, hvis han generer mor bare én eneste
gang mere. Først prøver han at skræmme mig ved at sige:
- Det må vi vist hellere køre op og tale med politiet om, det
her.
- Du kan køre ad Helvede til for min skyld, svarer jeg blot.
Stiger ud af bilen og smækker med døren.

Denne episode fortæller jeg ikke andre om, og føler mig
endnu mere som Palle alene i verden.

- - o - -

- - o - -

Min nabo står i døren og snakker, medens jeg sidder med
mine lektier. Det er efterhånden en fast tradition hver aften.
Han snakker udelukkende om sig selv og til sig selv. Der er
ligegyldigt, om jeg hører efter. Jeg behøver heller ikke sige
noget, for han hører det alligevel ikke.

-- o --

Jeg har inviteret en pige med hjem til Henning og Margit.
Vi får stegte fasaner. Jeg synes, det går godt, er glad og prø-
ver på at holde om hende, men hun bliver vred og siger:
- Hvad er du ude på?

Hun var heller ikke noget for mig!

-- o --

Jeg sidder på mit lille loftsværelse med den ophængte skri-
vepult, det sløjdlavede sofabord og sovebriksen, og drukner
mig i selvmedlidenhed. Alle andre har kærester og venner.
Jeg går altid alene. Hverdagen er triviel: skole om dagen,
hjem og spise til aften og lektier til det er sengetid - dag ud
og dag ind. I weekenden går jeg måske i byen og drikker
bajere. For det meste alene, nogle gange med min nabo.

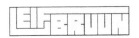

- **Blokeringer** Vi sidder på Palmehaven og drikker øl. Vi er lige kommet fra afslutnings-højtideligheden som færdiguddannede maskinmestre og snakker om, hvor hårdt det har været. Jeg fik den højeste karakter og udmærkelse, men ingen flidspræmie. Jeg prøver at forklare de andre, hvor flittig jeg har været derhjemme, men bliver affærdiget med:

- Du har haft så let ved det hele!

Det kom fuldstændig bag på mig, at mine klassekammerater havde den opfattelse. Hvilket det egentlig ikke burde gøre, for jeg havde aldrig fortalt nogen, hvor meget jeg havde knoklet hjemme på værelset om aftenen og i weekenderne. På skolen derimod havde jeg ikke været særlig aktiv, og havde for det meste slet ikke fulgt med i, hvad der foregik.

Jeg forstod det ikke dengang, men i dag ved jeg, at i sko-letiden sammen med alle dem, jeg skulle gøre indtryk på, var mit hoved så fyldt med traumereaktioner, at det var blo-keret for indlæring. Faktisk var 90 % af min skoletid spildt. Det eneste nyttige jeg fik ud af den, var de notater, jeg sam-lede til brug derhjemme.

Først efter jeg var kommet hjem, og havde ligget 20 mi-nutter på maven, kunne jeg komme ud af den blytunge træt-hed og blive mig selv igen. Først da kunne jeg begynde at samle op på, hvad nyt der skete på skolen, og hvad jeg skulle forberede til dagen efter.

-- o --

-- o --

Jeg står fortvivlet midt i ankomsthallen i Cairo lufthavn og holder krampagtigt fast i min bagage. Det er første gang, jeg er alene hjemmefra. Jeg har rejst i mere end et døgn. Der er et mylder af mennesker overalt, men det der generer mig mest, er, at dragerne flokkes om mig og vil 'hjælpe'.

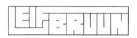

Der var stadig lang vej til mit skib i Alexandria, hvor jeg skulle være 3. mester, og agenten, der skulle hente mig, kom aldrig.

-- o --

De kan ikke li' mig! Det eneste maskinchefen siger, er:
- Det er fandeme heller ikke for tidligt, du kommer, og viser mig døren til maskinrummet.

2. mester er færing og siger ikke noget. 1. mester er så skeløjet, at jeg ikke kan finde ud af, hvem det er, han taler til. Maskinassistenter og motormand er berusede, så dem har jeg ikke lyst til at tale med.

-- o --

Det passer mig meget dårligt at være i Søværnet.
Sergent Knudsen på 18 år kommanderer med os,
og matrostøjet kradser.
Det allerværste er, at jeg har fået brev fra Gurli.
Hun vil ikke komme sammen med mig mere!

-- o --

Jeg tænker på ferskvandsgenerator, styremaskine og radar og føler at ansvaret tynger. Jeg er på Grønland med rednings- og inspektionsskibet *Vædderen*. Der er mit ansvar at alt, hvad der har med strøm at gøre, fungerer.

Jeg er på vej hjem på orlov.
I toget møder jeg Gurli,
vi følges ad hen til Esbjergbroen.

- at leve livet levende

Familieliv

Jeg har mødt Gurli aftenen i forvejen. Nu har hun taget mig med til havefest hos Anne og Palle. Jeg kan slet ikke klare at være der med alle de nye mennesker. Jeg sætter mig i stedet ud i bilen og sover.

-- o --

De trækker turisterne ud på dansegulvet for at danse zorba. Gurli og jeg er på Rhodos sammen. Jeg tør ikke være med, men sidder bare og bliver trist. På vej hjem til hotellet bliver vi uvenner for første gang. Vi sidder på trappen foran og skændes det meste af natten.

Næste aften er vi igen til fest.
Jeg kan ikke holde det ud og sætter mig til at sove.
Gurli taler med en dame om,
at der er noget galt med mig.

Jeg står og skyller stegepanden under vandhanen, da Anne og Palle kommer. Det er første gang, vi skal have gæster. Jeg aner ikke, hvad jeg skal stille op med mig selv.

Palle forklarer og forklarer, han bruger så mange ord og så lang tid, at det helt overvælder mig. Der er ikke meget af det, jeg forstår. Jeg har nok at gøre med at se opmærksom ud og tænke på, hvordan jeg skal kommentere det, han fortæller om.

-- o --

Jeg bliver høj over al den medfølelse, jeg får. Først af nogle forbipasserende, så Falckfolkene, så på skadestuen og nu hjemme ved Bent og Anne Lise, hvor også politiet ringer til

- at leve livet levende 93

mig. Bent derimod, han slog sig ikke, men han har smadret sin bil.

Gurli vil have mig til at svare på,
om jeg elsker hende.
Ellers havde jeg vel ikke giftet mig med dig,
er det nærmeste, jeg kommer et svar.

Jeg holder på en rasteplads lige før Herning. Jeg er bange for al den opmærksomhed jeg skal udsættes for til ansættelsessamtalen på sygehuset. Det varer hele dagen. Først hos direktør Deleuran og senere da jeg er rundt med Pallesen - min nye chef.

-- o --

Jeg er straks i forsvarsposition. Gurli står foran mig. Hun har købt en ny bluse:
- Hvad synes du om den, siger hun.
Jeg ved, at hvis jeg ikke lyder begejstret nok, så tror hun ikke, jeg kan lide den. Men hun ved jo ikke, at jeg har svært ved at vise begejstring. I første omgang lader jeg som om, jeg overhører spørgsmålet og læser videre i avisen. Så nemt går det ikke. Hun spørger igen. Så prøver jeg at snakke udenom og sige noget sjovt.
Nu er hun vred på mig og skælder ud.

Rikke er ked af det.
Hun savner Esbjerg.
Hun har igen været nede at spørge naboens pige,
om hun vil lege.

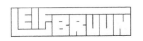

- ## Sygehuset

Allerede inden jeg begyndte på sygehuset, fik jeg af min forgænger at vide, at Pallesen ikke er sin opgave voksen. Han er også kun blikkenslager, blev vi enige om.

Nu kan jeg selv gå rundt og konstatere, at han er utrolig vægelsindet, nervøs og handlingslammet, så tingene flyder af sted, som de bedst kan. Utilfredsheden med forholdene bliver jeg hele tiden konfronteret med, når jeg kommer rundt og taler med håndværkere, portører, sygeplejersker og andre. Jeg taler meget med Pallesen om disse ting. Han virker også meget forstående og nogle gange lykkes det ligefrem at få lavet aftaler om konkrete ændringer, men næste dag har han som regel fortrudt det igen. Han tager det meget fortrydeligt op, da jeg beskylder ham for at have skræk for titler. Men det er tydeligvis kun direktøren og overlægerne, der kan få ham til at handle.

Efterhånden fylder utilfredsheden mig så meget, at det præger hele min arbejdsdag, fordi jeg går rundt og gør mig til skraldespand for alle andres frustrationer. Når jeg taler med kolleger fra andre sygehuse, siger de, at jeg kan da bare passe mit arbejde og være ligeglad med Pallesen, men jeg er alt for meget i affekt til at forholde mig så passivt.

I stedet laver jeg en omfattende rapport om forholdene i teknisk afdeling og fremlægger den på et værkstedsmøde. Da jeg i forvejen ved, at jeg har håndværkernes opbakning, har jeg fuld tillid til, at nu må Pallesen da blive overbevist om, at han skal til at have skeen i den anden hånd.

Jeg har aldrig tvivlet på, at min handlemåde var helt idealistisk i tillid til, at jeg kunne bedre forholdene for os alle. Hvad jeg ikke var klar over, var, at det jeg egentlig reagerede på, var Pallesens hjælpeløshed. Det var den, jeg ikke

- at leve livet levende   95

kunne holde ud og som tvang mig til at handle. Med rapporten misbrugte jeg den gode hensigt til at hævde mig selv og nedgøre Pallesen.

Først efter min rapport gik det op for mig, at det slet ikke var Pallesen, men sygehusdirektør Deleuran jeg stod overfor. Alt hvad jeg talte med Pallesen om, gik han direkte til Deleuran med. Det var ham, der traf alle beslutninger. Det var altså derfor Pallesen så ofte havde en anden mening, når han kom næste dag:

Nu er der er ingen af dem, der taler med mig. Tværtimod omgiver de mig med en enorm kulde.

-- o --

Jeg sidder på Deleurans fine kontor. Det er mig, der har anmodet om en samtale. Jeg er så opsat på samtalen, at det lykkes mig at sætte mig ud over mine blokeringer. Og da jeg kan høre, at han er inde i samtlige sagens detaljer, lykkes det mig virkelig at få forklaret, hvordan tingene hænger sammen. Jeg ved også, at det jeg fortæller, gør indtryk på ham, og han siger mig egentlig heller ikke imod. Alligevel afviser han mig blankt.

Kulden fortsætter. Fx er jeg den eneste leder på sygehuset, han siger *De* til.

-- o --
-- o --

De er begyndt at danse. Gurli sidder ved siden af mig. Vi er til fest. Hun vil danse med mig, men jeg tør ikke. Jeg kan ikke engang rejse mig, jeg er gået helt i baglås.

- Du ser så sur og trist ud, hvad tror du ikke, de andre tænker. Du kan bare tage dig sammen, siger hun fornærmet.

Det bliver det ikke bedre af. Nu er vi også uvenner.

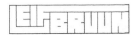

Rikke og jeg går rundt og kigger
på hendes nye børnehave.
Hun holder mig fast i hånden.
Hun er beklemt ved situationen.
Jeg må ikke gå fra hende endnu.

Jeg er irriteret på mig selv, føler mig tavs og ikke go' nok.
Traditionen tro er vi til julefrokost hos min mor 1. juledag.
Jeg sidder og kigger rundt. Alle de andre fungerer meget
bedre.

-- o --

Jeg sidder på gangen udenfor mødelokalet. Jeg skal til møde
med sygehusudvalget med den fede borgmester Hansen i
spidsen og direktør Deleuran. De vil ikke fastansætte mig,
og min prøvetid er ved at udløbe. Jeg har fået en pille af
Gurli. Alligevel er hele mit system i oprør.
   - Gu' vil jeg ej. Det skal jeg nok selv bestemme, siger jeg
til borgmesteren.
   Han har lige advaret mig om, at nu skal jeg da vist til at
passe på med, hvad jeg siger. Alle andre forholder sig pas-
sive. Så løbet er kørt.

-- o --

Vi har været på besøg rundt om i Esbjerg. Nu er vi på vej
tilbage til Herning. Både Gurli og Rikke er efter en begej-
stret weekend lige pludselig blevet påfaldende tavse. Da vi
nærmer os Herning, græder de begge.

Rikke har bedt mig hjælpe med lektierne.
Det varer ikke længe,
så har jeg fået hende til at føle sig dum.
Hun stamper i gulvet og går fornærmet igen.

- at leve livet levende   97

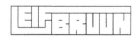

Gurli har fødselsdag. Jeg kan ikke få mig selv til at ønske hende tillykke. Jeg forsøger at gemme mig. Jeg overbeviser mig selv om, at en fødselsdag ikke er noget særligt, det er bare et udtryk for, at jorden har drejet en gang rundt om solen, og det har Gurli jo egentlig ikke haft nogen indflydelse på. Desuden har jeg sørget for en gave til hende - ved at lade Rikke købe den.

Jeg er på kursus i køleanlæg i Odense.
Jeg tør ikke sige noget.
Hverken i pauserne eller om aftenen.

- Hej far, siger Rikke glad.
   Hun er lige kommet ind med en veninde i hælene. Jeg bliver irriteret over hendes glade stemme og overhører hende. Det smerter helt ind i sjælen at mærke Rikkes skuffelse, da hun lydløst går igen. Men jeg orker det ikke anderledes.

- Vi holder lige et hademøde,
siger produktionschef Fræer,
og griner hostende gennem cigaretrøgen.
Der er en helt anderledes direkte og fri tone
på min nye arbejdsplads.

Vi har besøg af min mor og Jens Chr. De står alle oppe i køkkenet og snakker begejstret om det tøj, mor har haft med. Jeg sidder alene nede i stuen og føler mig udenfor. Jeg lader som om, det er fordi, jeg ikke gider snakke om tøj.

- **Gurli**   - I aften skal vi rigtig hygge os, siger Gurli.

Det gør vi så. Først en drink og så en god middag med rødvin. Men hyggen forsvinder sammen med børnene, da de er færdige med at spise, og Gurli og jeg sidder alene tilbage.

- Hvorfor siger du ikke noget, spørger hun.

Det hjælper ikke på min tristhed. Nu ved jeg, hun synes, jeg ser trist ud. Jeg overhører hendes spørgsmål og fortsætter tavsheden, der nu føles endnu tungere. Gurli bliver fornærmet:

- Det er ikke til at holde ud. Nu har jeg lavet en god middag, gjort mig i stand og klædt om. Men du bemærker ingenting. Du sidder bare der og hænger.

Vinen og ordene har gjort hende varm. Utilfredsheden vælter ud af hende. Jeg føler, hun bebrejder mig stort set alt mellem himmel og jord. Jeg kan ikke holde det ud og sidder bare og kigger ud af vinduet og lader som om, at det hun siger slet ikke gør indtryk på mig. Det bliver det ikke bedre af:

- Du kan i det mindste se på mig, når jeg taler til dig, siger hun vredt.

Resten af hyggeaftenen går med at glo ind i fjernsynet.

-- o --

Humøret er højt. Jeg fyrer en masse sjove kommentarer af og bruger min ironi til at stikke til Gurli. Vi hjælper hinanden i køkkenet. Det er hyggeligt. Lige indtil jeg opdager, at Gurli er vred over det, jeg siger. Nu er vi uvenner. Jeg føler uretfærdigheden hamre inde i kroppen.

-- o --

- at leve livet levende   *99*

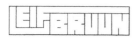

- Jeg kan ikke holde det ud, når de alle sammen kommer
hen til mig og spørger, hvorfor du er så tavs og indesluttet,
siger Gurli.

Det er dagen efter en fest, der er gået lige som så mange
andre fester. Jeg har været trist, og Gurli er blevet vred på
mig. Senere på natten har jeg åbenbart skabt mig fuld og
tovlig. Det kan hun sagtens bilde mig ind, for jeg kan ikke
huske noget. Efter tømmermændene at mærke skal det nok
passe.

-- o --

- Jeg kunne se det på dig, allerede da du kom ude i indkørs-
len, siger Gurli skuffet. Vi sidder og drikker kaffe, lige efter
jeg er kommet hjem fra arbejde. Gurli har fortalt forskellige
ting fra sin dag, medens jeg fraværende og tungt sidder over
for hende. Det eneste jeg har i hovedet, er at få lejlighed til
at gå ned og lægge mig på sofaen. Bare 20 minutter på ma-
ven, så vil alle de tunge energier være dampet af igen.

-- o --

Jeg ligger vågen hele natten og lytter til lydene udenfor. Jeg
savner Gurli, hun er taget til fest om aftenen. Da hun ende-
lig kommer hjem, lader jeg som om, jeg sover.

-- o --
-- o --

- Hvorfor blev du så vred? jeg turde næsten ikke sige noget,
siger Krustrup - min direktør. Vi har været til møde på amts-
gården.

Jeg havde egentlig ikke været vred, men jeg havde været
sådan i affekt over den uvante situation, at det satte sig på
stemmen og i maven.

Det sagde jeg ikke noget om til Krustrup. Jeg vidste det
jo heller ikke.

- at leve livet levende

Gurli og jeg er til teaterforestilling.
I pausen kan jeg ikke finde ud af,
hvad jeg skal stille op med mig selv.
Der er mange kendte ansigter.

Jeg kommer forbi receptionen, hver gang jeg skal ud og ind
af mit kontor. Else sidder der. Hende har jeg flirtet med til
en fest hjemme hos Krustrup. Jeg vil gerne tale med hende
eller bare sige hej. Men der sidder noget i halsen, så jeg tør
ikke. Jeg vælger at se betydningsfuld ud.

-- o --

- Hvorfor siger du, din far er sød? spørger Bjørn.
- Jeg siger, han er død, gentager jeg.
   Min bror har lige ringet og fortalt mig det. Det skete en
weekend, hvor vi havde Jette og Bjørn på besøg. Men der-
udover husker jeg ikke, at det fik nogen indflydelse på
weekenden.

Heller ikke i dag ved jeg, hvordan jeg skal tolke den kends-
gerning at min fars død, ikke vækkede andre følelser i mig
end lettelse over, at den sølle ensomme og apatiske tilvæ-
relse han levede, nu var slut.
   Han blev fundet død på sofaen i sin lejlighed. Der var
ingen at os søskende der ønskede foretaget obduktion, så
dødsårsagen blev aldrig fastslået.

- - o - -

Gurli vil gerne på højskole i en hel uge. Jeg bliver bange,
for jeg ved nok, hvad der foregår på højskoler. Men det si-
ger jeg ikke noget om. I stedet siger jeg:
- Det synes jeg, du skal gøre, hvis du har lyst.

-- o --

- at leve livet levende   *101*

Martin vil ikke rydde op. Det gør mig ovenud vred. Jeg tager fat i ham og tvinger ham til at samle sine legesager op. Jeg kan mærke, han bliver bange, opgiver modstanden og bare følger med.

-- o --

Gurli ringer hjem hver dag fra højskolen og fortæller begejstret om det, hun oplever. Jeg føler mig ensom og forladt og svarer kun med enstavelsesord.
- Er det bedre, jeg lader være med at ringe hjem? spørger hun til sidst opgivende.

Jørn er voldsom i affekt.
Jeg har lige fyret ham.
Han var helt umulig til sit arbejde.

- Hvad står der? spørger Rikke deltagende.
Hun er lige kommet ned i stuen, hvor jeg ser fodbold i fjernsynet.
- Kan det ikke være lige meget, du ved jo ikke en gang, hvem der spiller? siger jeg irriteret.
Så spurgte hun ikke om mere!

-- o --

Jeg er helt lammet. Der er én der vil sælge mig rustopløser. Jeg står i problemer til op over begge ører, men de har ikke noget med rust at gøre. Jeg kan ikke slippe af med ham, han forfølger mig gennem hele slagteriet. Midt i opskæringen stopper jeg op og lytter til ham. Han har kun én arm, alligevel lykkes det ham, at få pakket hele sit demonstrationsudstyr ud.

-- o --

Gurli og Martin kommer op at skændes, mens vi spiser. Uden at jeg er indblandet, påvirker deres vrede mig og gør mig tavs og trist. Der hviler en eksplosiv tavshed over resten af middagen.

Simoni på arbejde er god til at fortælle historier.
Det er jeg ikke.
Men jeg er god til at ødelægge hans
med smarte bemærkninger.

Gurli skruer op for musikken i radioen og danser alene rundt i stuen. Det gør mig endnu mere tavs. Jeg lader som ingenting og fortsætter med at se fjernsyn, selv om lyden drukner i musik.

Vi har besøg fra Holland og spiser i konferencelokalet.
Krustrup er der også.
Jeg tør næsten ikke sige noget.
Min stemme er grødet og helt uden intention.

Festen forløb for mit vedkommende, som den slags plejer at gøre: Under spisningen er jeg stiv og trist. Da de begynder at danse, tør jeg ikke, og Gurli bliver vred på mig. Senere er jeg verdensmester og kan det hele. Gurli kan ikke få mig med hjem, og i dagene efter er vi uvenner.

-- o --

- at leve livet levende   *103*

Mandagssygen bliver mere og mere udbredt. Faktisk burde den efterhånden hedde søndag-til-tirsdagssyge. Når jeg har været i byen om lørdagen, har jeg tømmermænd om søndagen og sover brandert ud hele dagen. Men hvad værre er, om mandagen hænger nerverne så meget uden på tøjet, at jeg ikke kan foretage mig noget som helst fornuftigt.

• Gurli Vores hyggemiddage bliver mindre og mindre hyggelige. Er vi ikke uvenner i forvejen, bliver vi det her, det er næsten sikkert. Lige pludselig revner den skrøbelige hygge.

- Begynder I nu igen, siger børnene samstemmende og flygter fra bordet.

Så udvikler skænderiet sig. Mange gange med det resultat at Gurli reagerer voldsomt. Først bliver hun vred. Senere ked af det og går grædende i seng.

Endnu værre er næsten de efterfølgende dage, hvor vi ikke taler sammen, men går skulende rundt om hinanden uden at sige et ord:

Der var ikke noget så dræbende for hele familien, som de perioder hvor denne trykkende tavshed stod på. Gurli kaldte det psykisk terror fra min side. Ret beset havde jeg nok også nemmere ved at give mig hen med andre sysler, mens det stod på. Jeg havde jo også et helt livs erfaringer i indesluttethed. Men også jeg oplevede den tiltagende desperation perioden igennem - ventende på, at Gurli skulle sige det første ord. Og så den utrolige lettelse det var, når vi endelig begyndte at tale sammen igen og lod vores gensidige kærlighed komme til udtryk.

Det er nemt nok bagefter, at have den indstilling at vi burde have været så fornuftige og ansvarlige, at vi undgik

disse perioder. Men så enkelt er det ikke. Når først 2 personers rollespilsmønstre på den måde griber ind i hinanden, er det meget større kræfter, der har fat. Så er der nødt til at gå en vis tid, inden de er dampet så meget af, at fornuften kan få overtaget.

Man må sige om denne fase af vores ægteskab, at vi gjorde nogle ihærdige forsøg på at kommunikere os ud af problemerne. Utallige gange sad vi omkring køkkenbordet og snakkede i timevis. Men det er en ret umulig opgave at løse ægteskabelige problemer, når man ikke forstår problemerne omkring sig selv. Sådan forholdt det sig i hvert fald for mit vedkommende. Samtalerne forløb nogenlunde efter følgende recept:

I starten var jeg den, der argumenterede bedst og kunne nogenlunde uhindret forme diskussionen som det passede mig og finde passende forklaringer på alle vores problemer. På et tidspunkt blev denne talen til Gurli for meget for hende, og hun reagerede med udtryk som:
- Det lyder meget rigtigt, det du siger, men du lever jo ikke selv efter det.

Efterhånden gik dialogen over i skænderier med påstande som:
- Jeg tror ikke på det, du siger... - Du er syg, gå til en psykolog... - Både din mor, dine søskende og dine arbejdskolleger er enige med mig.

På den måde overtog vores rollespilsmønstre helt skænderiet. Gurli argumenterede for, at der var noget galt med mig. Hvilket jeg, eller rettere sagt mit mønster, selvfølgelig ikke kunne acceptere, eftersom det er bygget op til at forhindre mig i at konfrontere sådanne fakta. På den slags påstande reagerede jeg typisk med min ironiske facon:
- Så er det jo lykkedes dig at bevise, at der er noget galt med mig. Hvorefter jeg trak mig ind i mig selv og blev tavs.

Herefter begyndte næste fase, hvor det var Gurli, der overtog hele samtalen, indtil hun i vrede opgav mig med ordene:

- Jeg kan lige så godt tale til en dør.

Her er vi så fremme ved den fase, hvor den dræbende tavshed overtager argumenterne. På den måde afløser den ene cyklus den næste. De ligner alle hinanden til forveksling. Bare bliver de voldsommere og voldsommere.

-- o --

-- o --

Jeg er til firmajulefrokost og siger en masse skægge ting til Hanne. Jeg tror virkelig, jeg gør indtryk på hende.

Det gjorde jeg også. Hun følte sig nedgjort og kørte hjem.

Jeg hjælper Martin med lektierne,
men det varer ikke længe,
så bliver han fornærmet på mig.

Jeg sidder ensom og med tømmermænd 2. juledag. Traditionen tro skulle vi ned til min mor og Jens Christian 1. juledag. Men Gurli og jeg blev uvenner, ligesom vi var på vej ud ad døren. Det ene ord tog det andet, og når det skulle være på den måde, ville jeg slet ikke med.

- Det er også lige meget, så kører vi bare selv, siger Gurli.

Det gjorde de så. Og jeg gik ud og drak bajere.

Jeg soler mig i anerkendelse.
Jeg har lavet en kritisk rapport om halalslagtede kyllinger.
Den er lagt frem på et produktionsmøde.

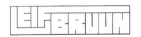

- Du må da vide, hvilken type tegning du skal bruge. Desuden udleverer jeg ikke tegninger til hvem som helst, siger jeg til Poul Vistoft.

Det tilgav han mig aldrig. Dengang vidste jeg heller ikke, at han var min nye chef.

Jeg føler, det er uretfærdigt.
Jeg er til sparerundemøde med de øvrige chefer.
De er alle nye i ledelsen og kender ikke forhistorien.

Jeg kan ikke blive ved med at holde ham ud! Vi er på messebesøg i Holland. Det har Fræer og jeg prøvet mange gange før, men nu er Poul Vistoft med. Jeg føler mig hjælpeløs, når han bestemmer det hele uden at have forståelse for noget som helst. Da vi er inde at spise på en restaurant, overvælder det mig, og jeg siger en masse til ham og går i vrede. Nu vil han sende mig hjem i utide.

Jeg føler mig omklamret,
og at det ikke nytter noget.
Gurli og jeg er begyndt at gå til psykolog.

Jeg er begyndt at arbejde på FDB's kød- og viktualiefabrik i Viby. Der er forholdene om muligt endnu mere kaotiske end på Farre Food, finder jeg hurtigt ud af. På et møde fremlægger jeg mine planer med vedligeholdelsesafdelingen. Lauge siger mig imod, og jeg føler ingen opbakning til mine forslag. Jeg blokerer fuldstændig. Min stemme bliver skarp, og jeg kan ikke argumentere for min sag.

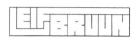

-- o --

FDB virksomheden bliver opkøbt af Royal Dane Quality, og min nye chef bliver Lauge. Jeg sidder overfor ham i hans kontor. Igen har jeg fået en af disse hjælpeløse og vægelsindede cheftyper, jeg ikke kan holde ud. Jeg får myrekryb, bare han er i nærheden. Han nærmest tigger mig om, at komme frem med mine synspunkter. Når jeg så gør det, argumenterer han mig enten imod, eller lader være med at tage stilling til det, jeg siger.

Jeg går rundt på golfbanen i Gyttegård.
Jeg mangler én at spille med.
Jeg er ikke meget for at spørge nogen af de andre.

Så sidder jeg igen på mit lille værelse i Tranbjerg og har medlidenhed med mig selv. Der bor jeg 5 dage i ugen og er kun hjemme ved familien i weekenden. Men oftere og oftere når Gurli og jeg bliver uvenner, tager jeg tilbage hertil og holder weekend.

-- o --

- Er du klar over, du er den ældste i klassen, siger læreren på Århus Købmandsskole og kigger op fra sin liste.
   - Nej, siger jeg, - det har jeg ikke tænkt på.
   Det er det eneste, jeg husker, jeg sagde i det merkonom-studieforløb, jeg gennemførte der.

-- o --

At gå på toilettet og slå personsøgeren fra, er det eneste fristed jeg har. Så det sker flere gange om dagen. Jeg kan næ-

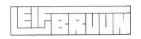

sten ikke holde ud at være der. Der er en rå tone af slagteri-
arbejdere, storby, akkordræs og faglige konflikter. Indenfor
mit arbejdsområde er det umuligt at få besluttet noget som
helst. Resultatet bliver, at alle blander sig og kritiserer mit
arbejde. Kun ved at gå rundt på værkstedet og deltage i den
sladder og bagtalen der i rigt mål huserer der, lykkes det
mig at opnå lidt sympatitilkendegivelser.

Bunden er nået

Den periode, jeg oplever her, er absolut den mest deprime-
rende og opslidende i mit liv. Ægteskabet er gensidigt op-
givet. Børnene har jeg næsten ingen kontakt med. Jeg bor
alene på et lille værelse i en by, hvor jeg ingen kender. Mit
arbejde er et rent mareridt. Jeg får det ene afslag efter det
andet på jobs, jeg søger. Alligevel er jeg af økonomiske
grunde nødt til at fortsætte, fordi vi ejer et hus, der viser sig
at være usælgeligt.

Depressionen føles som dryssende tørke inde i hovedet,
opgivelsen ligger som en tung dyne omkring mig, og ciga-
retforbruget når ekstreme højder. Det eneste lyspunkt jeg
har, er, når jeg tager ud på golfbanen. Men golf er en psy-
kisk krævende sport, så også her lider jeg mange nederlag.

-- o --

Jeg går rundt på restaurant Kammerslusen sammen med en
masse landmænd. Der afholdes orienteringsmøde for det
nye Ribe Biogas, som er min nye arbejdsplads. Jeg er lidt
betuttet ved situationen. Jeg kan ikke finde ud af, hvad min
rolle er. Jeg er blevet ansat som driftsleder, men anlægget
er først i projekteringsfasen, og der er så mange forskellige

involverede parter. På den anden side er jeg utrolig lettet over, at jeg er sluppet væk fra Århus.

I tillid til mit nye arbejde beslutter jeg mig for at flytte fra familien. Bare jeg kommer væk fra alt det gamle, skal jeg hurtigt få lagt min livsudvikling ind i andre positive baner, er den tanke, der er drivkraften.

- - o - -

- De kan ikke li' mig, tænker jeg.
Alle bestyrelsesmødets 11 medlemmer kigger på mig, som om jeg er vanvittig. Jeg har lige spurgt, om jeg må købe et kamera til 600 kroner. På forrige møde foreslog de, at det ville være en god idé, hvis der blev taget nogle billeder af anlægget i opførelsesperioden.

- Bagefter er det jo for sent, sagde de grinende.

-- o --

Jeg sidder og krymper mig. Kamma, der er en af de emsige jordbesiddere, omtaler mig fra talerstolen. Der er general-forsamling i Ribe Biomasseformidlingsforening. Hun me-ner, jeg har lovet hende noget andet end det, der nu aftales.

-- o --

Jeg sidder i min lejlighed og drukner mig i selvmedliden-hed. Den ventede positive livsudvikling er ikke opstået. Tværtimod er jeg blevet så ensom som aldrig før. Venner har jeg ingen af, og på arbejde er jeg den eneste ansatte. Det eneste jeg efterhånden kan finde ud af at foretage mig, er at tænde en ny cigaret.

Denne erkendelse får mig til at tage en rask beslutning. Alt hvad jeg har af tobak og cigaretter smider jeg ud, køber noget nikotintyggegummi og starter et træningsforløb i et motionscenter.

-- o --

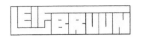

- Jeg tør næsten ikke sige noget til dig, siger min formand. Han synes, jeg lyder vred og aggressiv. Han tror, det er fordi jeg er holdt op med at ryge. Jeg lader ham blive i troen.

-- o --

Jeg sidder ovre ved nabolandmanden og beklager min nød. Jeg mener, der er for mange uløste problemer omkring projektet, og at der er for mange, der blander sig. Når jeg taler med formanden om det, er han ikke særlig lydhør. Han foreslår mig at lave en skrivelse til bestyrelsen.

-- o --

Det gør jeg så, den 1. maj. Jeg skriver bl.a., at jeg kun har beføjelser til at sørge for kaffe og rundstykker til de forskellige møder. Få dage efter bliver jeg fyret. Det er både lammende og en lettelse at få denne besked, der ikke kommer helt bag på mig. Kurt Moltke fra bestyrelsen er den eneste, der taler med mig bagefter. Han siger at skrivelsen er udtryk for, at jeg er bange for at tage ansvar. Det var jeg rygende uenig med ham i.

Det er jeg ikke i dag - tværtimod.

Psykisk udvikling

Nu er jeg fremme ved den periode i mit liv jeg beskriver i *Bevidsthedsudvidelser*, hvor det begynder at gå op for mig, at problemerne er inde i mig selv, og at det ikke nytter noget, at blive ved med at gøre andre til syndebukke.

Mange af genkaldelserne i det efterfølgende, vil måske blive opfattet som ubetydelige banaliteter. Hertil kan jeg kun svare, at psykisk udvikling ikke er et spørgsmål om

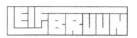

store armbevægelser, pludselige mirakler, og så er man frelst. Tværtimod er det et langt sejt træk. Det er et spørgsmål om at opdage de små dagligdags situationer. Hvornår er det, det sker? Hvornår er det, misfølelserne rammer mig, og det begynder at gå skævt?

At konfrontere og erkende - drejer det sig om. Og har man først erkendt, hvor dumt og fjollet man opførte sig i en konkret situation, skal man nok være opmærksom på, at noget lignende ikke gentager sig. Så er man kommet et skridt videre.

Karakteristisk ved de genkaldelser jeg taler om her, er, at de har været første led af den kæde, der under traumeforløsningen førte ned til de store skelsættende fortrængninger. Mange af disse genkaldelser er foregået på livskvalitetscentret. Hændelserne som sådan har jeg ikke gjort så meget ud af at forklare, da det, jeg gerne vil anskueliggøre her, er, hvor lidt der skulle til, for at min skrøbelige verden væltede, og jeg blev så ked af det.

For dog at begrænse det, nøjes jeg i det efterfølgende med nogle få typiske genkaldelser udvalgt af et stort lager:

Det gør mig høj, når banken skriver til mig. Min post bliver omadresseret til Kolding højskole, og banken kalder mig *Administrerende direktør*. Jeg lader brevet ligge, til jeg er sikker på, at de alle har set det.

-- o --

Jeg er nærmest besat af Birgitte, i de 14 dage hun er på Thestrup højskole. Det er på alle måder en håbløs forelskelse. Faktisk ser jeg frem til den dag, hvor hun skal rejse, så jeg kan blive normaliseret igen.

-- o --

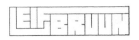

Jeg taler i telefon med Jeanette og anstrenger mig for at lyde frisk. Vi er begyndt at komme sammen, og jeg er bange for, hun skal sige, jeg lyder trist.

-- o --

Lars skærer igennem. Jeg har ellers en masse gode undskyldninger, men han siger, jeg skal gøre, som han har besluttet. Han er min chef på Lego, hvor jeg nu er ansat. Jeg kan mærke uretfærdigheden skyller ind over mig.

-- o --

Det er fyraften. Jeg sidder og taler med Jeanette i hendes stue. Jeg er så koncentreret om at virke afslappet, at hun opfatter mig som fraværende.

-- o --

Jeg føler mig lukket. Jeg er på mit første intensivforløb. Jeg øver sammen med Tove og Bente. De kan det bare. Så er det altså mig, der ikke er go' nok.

-- o --

Jeg sidder overfor Mona-Dådyrøjne. Vi laver øvelser i fællestimen. Pludselig bliver det for meget for hende, og hun rejser sig op og går. Den pludselige opmærksomhed, gør mig bange.

-- o --

Anne holder forkert på et vinglas. Jeg griner af hende og nedgør hende. Jeg kan mærke, hun bliver ked af det.

-- o --

- De kan ikke li' mig.
Sådan oplever jeg mine kollegaer på Lego. De er bange for mig.

- at leve livet levende   *113*

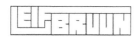

Jeg er ikke i stand til at opfatte. Nikolaj forklarer om nogle
øvelser. Han bruger mange ord.

-- o --

Jeg har skyldfølelse. Jeanette har underlivsbetændelse igen.

-- o --

Jeanette står midt i stuen. Hun får mig til at føle mig lukket,
fordi hun vil danse med mig.

-- o --

Jeg får Marianne til at føle sig lukket. Vi øver sammen.

-- o --

Heidi hævder sig ved at dominere i fællestimen.

-- o --

Pernille overhører min kommentar og fortsætter undervis-
ningen. Jeg føler mig nedgjort.

-- o --

- Det er der da ikke plads til i garagen, ryger det ud af mig.
   Rikke har lige inviterer mig til fest. Hun vil holde sin fød-
selsdag i garagen. Jeg bliver så forskrækket over ordet *fest*,
at jeg undlader at svare og skifter i stedet emne. Men jeg er
afsløret, kan jeg se på hende.

-- o --

Lene gør mig utryg. Hun opfører sig meget springende, og
tager styringen fra mig.

-- o --

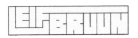

Jeg føler mig nedgjort. Knud giver udtryk for, at han udnytter sine medarbejdere bedre end jeg.

-- o --

Jeanette gør tilnærmelser til mig. Det er så dejligt, at jeg ikke kan ha' det. Som afværgemanøvre flyver sætningen:
- Din liderlige so, ud af munden på mig.
    Så er det samvær ødelagt.

-- o --

- Jamen du er også så dygtig, siger Knud fornærmet.

-- o --

Verner puster sig op. Han er vred over en besked, jeg har skrevet til ham, som han ikke kan læse. Det er noget helt andet, der ophidser ham, tænker jeg.

-- o --

Jeg er lammet. Det er som om, det er den samme film, der kører igen og igen. Jeanette er på besøg. Vi hygger os med en go' middag. Lige indtil vi bliver uvenner.

-- o --

Jeg har medlidenhed med Lars. Han er synlig rørt. Han holder afskedstale på værkstedet. Han er blevet fyret på grund af uoverensstemmelser med sin chef.

-- o --

Verner bliver voldsomt rød i hovedet, da jeg spørger ham, om det er ham, der har været oppe ved direktøren og klage over mig. Det var det.

-- o --

- Hvis du er en god arbejdsleder, så er pengene spildt til alle de kurser jeg har været på, siger en vred Knud.

-- o --

Uretfærdigt! Jeg er til samtale hos personalechef Ditlev Ditlevsen. Han lægger en skrivelse frem. *Mennesket er et dyr* er overskriften. Han beskylder mig for at have skrevet og uddelt den. Jeg har aldrig set den før.

-- o --

Jeg går rundt på værkstedet og samler sympatier, ved at fortælle om de angreb mine kolleger udsætter mig for.

-- o --

Det er den traditionsrige 1. juledag hos min mor. Jeg føler mig tavs og bliver mere og mere trist. Især i skuffelse over at tristheden stadig rammer mig.

-- o --

- Nu ta'r vi os sammen, siger jeg til Irene.
  Jeg har lige rettet på hende under en øvelse.
  - Du skal ikke blande dig i, hvad jeg gør, svarer hun.
  Den sad.

-- o --

Det er uretfærdigt, jeg er hjælpeløs. Pernille hundser med os i flere timer under lørdagsrengøringen.
  - Hun har ikke mange lederevner, afgør jeg med mig selv.
  Det hjælper lidt på misfølelserne.

-- o --

- Du skal ikke hysse af mig, skælder Jenny ud på Karin.

-- o --

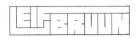

Berit er utilfreds med forholdene. Der er ikke det, hun har forventet.

-- o --

Karin er venlig og tømmer skraldeposen for mig. Alligevel føler jeg, at hun overvåger mig.

-- o --

Maiken bliver genert under aftenens øvelser.

-- o --

- Du styrer for meget, det er som om, du ikke tør vise dig.
    Margareta er instruktør under træningen. Også hun kan altså se, jeg ikke er go' nok.

-- o --

Bettina skaber sig i køkkenet. Jeg harmes.

-- o --

- Hvor skal du hen med den fluesmækker? råber Karin efter mig.
    Så fangede hun mig igen, ærgrer jeg mig.

-- o --

Jeg venter på Mimi, vi skal træne sammen, men hun kommer ikke. Pernille fortæller, at hun ikke tør lave dem sammen med mig.

-- o --

Jeg er ved at pakke bilen.
    - Næsen væk fra den pose, der er mine penge i, råber Karin efter mig.
    Én gang mere. Det er takken for at være hjælpsom, harmes jeg for mig selv.

- at leve livet levende   *117*

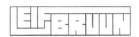

Jeg føler mig udenfor. Pernille og Stig leger Rasmus 10 i 7 mus.

-- o --

- Du skal bare sige til, hvis jeg forstyrrer.

Det er Anne Marie der ringer, jeg kan tydelig høre angsten for afvisning i hendes stemme.

-- o --

Jeg har hele tiden opmærksomheden på Tina på skolen. Hun tiltrækker mig med sit åbne ansigt.

-- o --

Hanna og jeg er ude at køre. Jeg snakker så meget, at jeg føler, hovedet er ved at eksplodere.

-- o --

- Det kan man sagtens, siger Pernille og underkender dermed, at jeg lige har sagt det modsatte. Kedafdetheden overvælder mig.

-- o --

Jeg griber ind i lærerens forklaring. Da jeg kommer op til tavlen, blokerer jeg, og ordene sidder fast i halsen.

-- o --

Det er uretfærdigt. Nikolaj har kasseret min opgave for 3. gang.

-- o --

Jeg møder 2 fine damer i skoven og føler mig tarvelig. Jeg luller mig ind i kedafdethed.

-- o --

Jeg er gået en tur i kursustiden. Bente demonstrerer indirekte sin utilfredshed. Det er hun en mester til. Jeg føler mig irettesat og harmes.

-- o --

Posen rasler, han smasker. Det irriterer mig. Jeg sidder overfor en mand i toget, som spiser nødder. Én ad gangen - igen og igen.

Primærhændelsen

Jeg er nu fremme ved begyndelsen af 1997. I 5 år har jeg arbejdet intenst med traumeforløsninger. Det vil sige, over 200 kæder af hændelser har jeg arbejdet mig baglæns ned ad tidssporet og forløst indestængte følelser på. De sidste godt 50 kæder har jeg gennemført solo hjemme på min egen sofa.

Jeg var aldrig i tvivl om, hvornår en kæde var kørt færdig, for det skete ved en pludselig lettelsestilstand. I en time eller 2 har kroppen ligget spændt til bristepunktet, og indestængte følelser har sitret ud gennem den, mens jeg gennemlevede gamle smertefulde hændelser. Pludselig slappede kroppen af, og jeg lå fortumlet og fandt mig selv igen i nutid, og var taknemlig over min nye viden om mig selv, og glædede mig over, at jeg nu var kommet videre.

For jeg følte mig virkelig lettet og godt tilpas, og tanken om, at det nok var den endelige forløsning, kom også. Men jeg tog ikke glæderne på forskud, for jeg havde efterhånden prøvet det så mange gange, at næste gang jeg oplevede et

eller andet, der restimulerede mig, fyldtes jeg igen af mis-
følelser, og så var jeg klar til at køre endnu en traumefor-
løsning.

Men selvfølgelig havde jeg mange bekymringer om, hvor
længe det ville blive ved. Jeg kunne bare have stoppet med
traumeforløsningerne, men det var så usigeligt lettende at
lægge mig på sofaen og bare lade de tunge energier ose ud
af kroppen, så den tanke var slet ikke aktuel.

Kørte det hele ikke bare i ring? kunne jeg også få tanken
om. Men det kunne jeg hurtigt afvise igen, for jeg kunne
løbende mærke, at jeg fik det psykisk bedre og bedre. De-
pressionerne var væk, og jeg var meget mere udadvendt og
fri, når jeg var sammen med andre.

Men hvor mange kæder skal jeg igennem inden det er
slut? var et tilbagevendende spørgsmål. Min eneste refe-
rence var Vitafakta, og der var der mig bekendt ingen, der
bare tilnærmelsesvis havde gennemført så mange traume-
forløsninger som mig. Så det havde jeg ingen anelse om.
Jeg kunne blot mærke, at forløsningerne blev mere og mere
intense med tiden.

Mærkeligt nok havde jeg aldrig haft tanker om, hvorfor jeg
indeholdt så mange traumatiske energier, som jeg gjorde.
Der var jo ingen af de hændelser, jeg havde været tilbage i,
der indeholdt flere smerter, end hvad alle andre mennesker
også havde oplevet. Jeg har aldrig været misbrugt, været
udsat for psykisk terror eller fysisk overlast af væsentlig
grad – bevidst i hvert fald! Så svaret var ganske enkelt, at
jeg på det tidspunkt ikke havde nogen viden om, hvad det
er, der gør, at man bliver traumatiseret.

Men det fik jeg så i den grad i den sidste traumeforløs-
ning, *Primærhændelsen*.

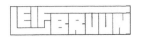

Men inden jeg begynder på den, vælger jeg nu en ny taktik, simpelthen for at bevare så meget troværdighed som muligt. For forløsningen af primærhændelsen indebar både tidsmæssigt og energimæssigt så store ressourcer, at det i uhyggelig grad oversteg, alt hvad jeg hidtil havde oplevet. Derfor forklarer jeg først:

- Hvad det var for en skæbnesvanger ulykke, jeg fandt frem til, jeg havde været udsat for.
- Og derefter gennemgår jeg primærkæden af hændelser. Men ikke i tidstro rækkefølge som hidtil, men derimod baglæns ned ad tidssporet, simpelthen som jeg selv oplevede det.

Den skæbnesvangre hændelse

Det, der skete, var i al sin enkelthed at mit hoved under fødslen blev mast sammen som en sandwich. Især højre siden af hovedet blev trykket ind, som var det en bule i en punkteret plastikbold. De mest overvældende smerter opstod i forbindelse med at højre kindben blev trykket langt ind med adskillige brud i mundhulen og på overkæben med benstumper, der lavede blødende læderinger inde i munden.

Jeg er godt klar over, at ovenstående er svært at tro på. Det har gjort, at jeg ved mange lejligheder har forsøgt at komme i dialog med fagfolk ud fra følgende spørgsmål:

"Det er almindelig kendt, at fødselsåbningen er mindre end barnets hoved. At hovedet alligevel kommer igennem, forklarer man med, at kraniet ikke er groet sammen endnu, og derfor kan klemmes sammen. Det er da også en plausibel forklaring, men hvad med hele det tætsluttende net af nervebaner, kraniet er pakket ind i - og indvendig er fyldt op

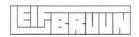

med, kan man vel med rimelighed godt kalde hjernemassen. Hvordan forestiller man sig, fosteret oplever dette, når disse hovednervebaner mases sammen og springes i stumper og stykker?

Det er det første fosteret oplever i sin tilværelse. Efter at det i 9 måneder har ligget sorgløst og skvulpet rundt i moders liv, bliver det pludselig med overvældende kræfter mast ned og ud igennem en alt for lille åbning. Og ikke nok med det, for fødslen står mange gange på i flere timer, så mishandlingen af fosterhovedet finder sted, hver gang moderen med al magt presser på og maser hovedet frem og tilbage i fødselsåbningen.

Under hele fødslen er fosteret overladt til sig selv, det kan hverken bevæge sig eller beklage sin nød. Det kan da ikke undre nogen, at det skriger højlydt umiddelbart efter fødslen. Og det må opfattes som et rent sundhedstegn, hvis det fortsætter med at græde i de efterfølgende mange måneder. For gråd er nu engang det mest forløsende, vi mennesker kan frembringe."

Men det har hver gang været en lukket dør at få nogen til at kommentere det. Ja, jeg har ligefrem mødt vrede, fordi jeg mente, at fosteret kunne blive traumatiseret, fordi hovedet kom i klemme. Så jeg fortsætter med at forklare mig – helt ud fra egne erfaringer.

Jeg har haft lejlighed til at spørge min mor, om der var noget usædvanligt ved min fødsel. Men hun huskede ikke noget, der var forskelligt fra mine 3 søskendes. Det vil sige, jeg har faktisk også en søster, der døde under fødslen. Hun blev født et par år før mig, men blev kvalt i navlestrengen, var min mors forklaring!

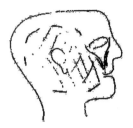

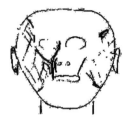

Hovedlæsioner

Ovenstående tegning viser, hvordan et udefra kommende pres på højre kindben og hele højre side af hovedet trykkede dette ind hele vejen rundt: issen, baghovedet, nakken, kæbeleddet, overkæben, næseroden og op over øjet. Modtrykket på venstre side af hovedet, som jeg går ud fra, var forårsaget af min mors rygrad, lavede brud og smerter ved især kindbenet, men også op til tindingen og ned til

Mundhule / gummer set nedefra

overkæben, underkæben og nakken. Den lille tegning til højre viser, hvordan mundhulen og overkæben blev mast sammen.

Traumeforløsning Primærkæde

Hvordan jeg er kommet frem til erkendelsen af ovennævnte skæbnesvangre ulykke, er en makaber oplevelse, som jeg vil at forklare i det efterfølgende. Til forskel fra tidligere har jeg som sagt valgt at fortælle om hændelserne i denne primærkæde, i den rækkefølge jeg har genkaldt dem. Det vil sige tidsmæssigt baglæns - i forhold til den rækkefølge,

- at leve livet levende

de i virkeligheden er sket. Hermed får jeg mulighed for at forklare de delerkendelser, jeg har haft, efterhånden som jeg lag for lag har arbejdet mig igennem fortrængningerne.

Her bagefter er det nemt at se, at mange af disse delerkendelser er ramt helt ved siden af. Men på det tidspunkt jeg lavede dem, vidste jeg altså ikke bedre. At jeg alligevel har taget fejlerkendelserne med, er fordi, jeg synes, de giver et godt indtryk af den proces, jeg har været igennem.

- **1. dag** Det starter en aften, hvor jeg ser boksning i fjernsynet. Pludselig vækkes en misfølelse i mig, jeg med det samme er klar over, er forskellig fra, hvad jeg tidligere havde haft fat i, fordi det er en ren fysisk smerte uden andre misfølelser. Med denne følelse af ren fysisk smerte, kører jeg baglæns på mit tidsspor. Det første billede der dukker op, er 10 år gammelt. Jeg ligger i tandlægestolen og får trukket en visdomstand ud. Så hopper jeg tilbage til 10 års alderen, hvor jeg igen er i tandlægestolen, men her er tandlægen i stedet i gang med at slibe mine fortænder med sin mystiske remtræksvinkelsliber. I det næste billede er jeg cirka 6 år, og er hos lægen for at få en koppevaccination.

Efter dette ligger jeg i en lang periode og har mine lysoplevelser, dvs. nogle lilla mosaikbrikker, der flyder rundt på en mørk baggrund. Disse lysoplevelser har jeg oplevet mange gange før og ved, at det betyder, at jeg er på vej tilbage til min fostertilværelse. På et tidspunkt vender misfølelsen tilbage. Det er som en ubehagelig pulserende smerte, der ændrer placering rundt i ansigtet: øverst på næsen, øverst på fortænderne, højre kind og på næsetippen.

Efter 5 timer ebber smerterne ud. Nu tror jeg, at kæden er kørt til ende, og at det er slut!

- at leve livet levende

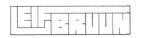

• **2. dag**   Det er ikke slut. 2 dage senere vender misfølelsen tilbage igen. Det starter fra morgenstunden. Øjeblikkeligt kører jeg igen ned i fostertilstanden. Hele dagen og til langt ud på aftenen ligger jeg på ryggen og kører energier ud - kun afbrudt af korte pauser.

Her følger mine notater i uforkortet form. Tallene i parentes angiver tiden i timer og minutter:

Stærke følelser især koncentreret om brystet, baghovedet og ganen (1.00).

Smerterne opløses uden erkendelser. (1.00).

Smerten kommer igen. Blå lys. Smerter i begge sider af overkæben og ved kindtænderne. Gule lysformationer. Smerter på venstre side af næseroden og ved tindingerne. Masser af lysglimt i stærke lysende blå og lilla farver. (1.00).

Smerter mellem øjnene og ved ganen. Kan smage blod. Smerter forrest i overmunden. Blå lysglimt. Har syresmag i munden (1.00).

Smerter inde midt i hovedet og bag øjnene. Smager salt gråd. Bliver mere og mere irriteret. Magtesløs. Ryster over det hele (0.30).

Indestængt vrede, irritation og magtesløshed vælter ud. Sveder, ryster og har smertedunken. Ligger med vidt åbne øjne. Føler angst for første gang. (0.30)

Smerter oven i hovedet. Angst. (0.30).

Smerter i baghovedet. Mærker hurtige smertedunk. Min puls er normal!

Smerter på venstre side af næseroden. Angst (0.40).

Smerter i panden. Angst. Smager salt. Håbløshed. Vrede og uretfærdighed (2.00).

Irritation. Smerter. Jeg er ved at opgive det hele. Det er min mor, der ligger på mig, hun er ved at ligge mig ihjel (0.10).

Jeg er ikke go`nok. Det er min egen skyld (0.15)

- at leve livet levende   *125*

Smerter i panden. Hvor er det synd for mig (0.25)
Angst. Jeg er skræmt fra vid og sans (1.30).
Vrede mod mor. Føler ensomhed. Kl. 00.20 ebber misfø-
lelserne ud. Nu er kæden slut!

- Nu er det slut. Nu er jeg helt i bund på tidssporet.

Det troede jeg på hver gang. I den næste lange periode skete det igen og igen - næsten dagligt. Hver gang jeg lå og var på vej gennem misfølelser, der var endnu mere gennem-trængende end tidligere, tænkte jeg:
- Nu er det sidste gang.

Hver gang jeg kom igennem ét kædeled / billede mere, oplevede jeg en salig lettelsestilstand, der overbeviste mig om:
- Nu er det slut!

Når jeg så havde sundet mig lidt - i kortere eller længere tid, kunne jeg godt mærke, at det var det ikke.

Ret hurtigt begyndte jeg at bruge min humor og lave grin med min uforbederlige optimisme. På den måde blev det en god øvelse i ikke at lave større forventninger end, at jeg bagefter kunne gennemleve skuffelsen. I hvert fald var det godt, at jeg ikke på det her tidspunkt vidste, hvor langt der stadig var til
- Nu er det slut!

• **3. dag**   Her følger igen mine notater i uforkortet form:

Det begynder tidligt om morgenen. Jeg græder i despe-
ration. Smerter. Vrede (2.10).

Smerter i panden. Desperation. Vrede. Smerter på højre
kind ved næsen (1.45).

Smerter på næseroden. Smerter over højre øje (1.45).

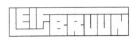

Smerter på næseroden. Angst. Jeg ligger med vidtåbne øjne. Senere bliver det til vrede og desperation.

- Jamen, det er jo nat efter nat, min mor ligger på maven ovenpå mig. For første gang føler jeg kærlighed til mig selv. Den lille fyr, der overlevede alt dette.

Græder. Det smager af salt. Føler vrede mod mor (1.30).

Skarpe smerter over højre øje. Munden er udspilet, som ved et skrig. Angst. Øjnene er vidtåbne. Smerten flytter ned til højre kindben. Kinden føles lammet (0.30).

Smerten flytter ned over højre kind til overkæben. Kinden er stadig lammet. Det klikker i højre øre. Angst. Desperation (1.40).

Kl. 00.30 endelig er jeg færdig!

I ovennævnte genkaldelser indgår der følelser i forhold til min mor. Det er sidste gang. Fra nu af er jeg alene i mit univers. Det er derfor jeg konkluderer, at jeg nu er så langt tilbage i min fostertilværelse, at jeg ikke kender til andet liv end mit eget.

At der i de efterfølgende genkaldelser indgår betragtninger om ydre årsager som tryk, slag og deres opståen, er blot et udtryk for de årtier, der er gået mellem hændelsen og oplevelsen af hændelsen - og de erfaringer, jeg har gjort mig i mellemtiden.

• 4. dag Her følger mine notater i uforkortet form:

Smerter på højre kindben. Smerter på højre side af overkæben (0.30).

Min mor ringede. Hun ville vide, hvad jeg lavede.

- Ik' noget særligt! svarede jeg.

Smerter mellem øjnene. Jeg ligger med vidtåben mund og skriger i desperation (1.15).

- at leve livet levende   *127*

Jeg oplever en knaselyd, når jeg kommer til et nyt trin. Det sker oftere og oftere. Smerter på højre side af næseroden. Desperation. Skrig. Det smerter også ved venstre kindben (0.30).

Smerter i panden. Skrig med vidtåben mund. Desperation. Smerter i brystet. Skrig med vidtåben mund. Desperation (1.05).

Smerter i panden. Kvalme. Skrig. Angst med opspilede øjne. Smerter på højre kindben. Desperation. Skrig med vidtåben mund. Voldsomme og hurtige hjerteslag. Angst (0.50).

Smerter ved højre kindben. Det knager inde i næsen. (1.00).

Kl.15.00: Misfølelserne løsner op, og der er fred og varme når jeg kigger indad. Nu er jeg færdig!

Kl.22.00: Smerter i panden. Angst, med opspilede øjne. Skrig med vidtåben mund. Desperation (2.00).

Kl.24.00: Fyraften, efter 7 timer og 10 minutter.
- Nu er jeg færdig!

Det vil blive for omfattende at fortsætte med at beskrive forløsningerne dag for dag. Derfor har jeg foretaget et udpluk af notaterne og samlet dem i perioder efterhånden som misfølelserne skiftede karakter:

• 5. periode I den efterfølgende periode er det især smerter ved pande, næserod og underkæbe, jeg oplever i samspil med angst og vrede. Her følger et udpluk af mine notater fra den periode:

Modløshed. Smertedunken. Vidtåben mund. Maven løste op! Kvalme. Masser af knaselyde. Opspilede øjne.

Jeg sov tungt i 3 timer, hvor der skete en masse oprydning inde i hovedet.

Voldsom smerte, der starter i panden. Så snart det lykke-
des mig at fange den, rykkede den højere og højere op i
panden, issen, baghovedet, nakken og hele vejen ned til
strubehovedet, hvor den opløstes i et skrig med vidtåben
mund.

På det her tidspunkt har jeg stadig skriftlig kontakt med
Jenny fra Vitafakta. Efterfølgende uddrag af skrivelse til
hende fra denne periode giver et godt indtryk af min situa-
tion:

(...) jeg har indtil nu været nede i 82 hændelser, hvoraf de
77 er i fosterstadiet. Til min store overraskelse er jeg blevet
bevidst om, at en lang periode af min fostertilværelse har væ-
ret fyldt med langstrakte, angstfyldte smerteoplevelser, der
har skræmt mig fra vid og sans. Der er specielt én situation,
hvor jeg har opgivet ethvert håb. Jeg har ikke fantasi til at fo-
restille mig andet, end at min mor må have haft den uvane at
sove på maven ovenpå en knyttet hånd. I hvert fald har jeg
været ubehjælpeligt i klemme med store smerter især rundt
omkring hovedet.

Nu ved jeg, hvor alle mine aggressioner, såsom magtesløs-
hed, irritation og vrede, kommer fra.. Men også skyldfølelse,
og *jeg er ikke go' nok*, skyldes dette.

Især en af de sidste hændelser, jeg har gennemlevet, er
overvældende. Det begynder med en skarp smerte i panden.
Jeg kan forfølge smerten hele vejen rundt inde i hovedet til
baghovedet, nakken og ned i strubehovedet, hvor den opløses
i et skrig. I tidstro rækkefølge vil det sige, at jeg har oplevet
en smerte i panden, der har været så voldsom, at jeg i et van-
vittigt skrig - hvordan det så end lyder, når et foster skriger -
har kortsluttet / fortrængt hele vejen rundt fra panden til stru-
behovedet.

Lige nu føler jeg mig glad og lettet over at være kommet så langt, men også forundret over den start på livet, jeg har haft (...)

• **6. periode** I den næste periode er de mest overvældende misfølelser: irritation, desperation, uretfærdighed og magtesløshed. Hvorimod smerterne ikke er så dominerende: De kører rundt forskellige steder i hovedet, men der er ikke bid i dem.

Her følger et uddrag af mine notater:

Blå og lilla lysformationer. Hjernen spænder som en knyttet hånd. Gule og hvide lysformationer. Langvarige skrig med vidtåben mund.

Alle mine mislykkede forsøg på at skrige medførte, at jeg måtte vende følelserne indad med desperation og aggressioner til følge.

Smertedunken. Kun fornemmelser. Er helt i bund. Flere nedkørsler. Kun svage fornemmelser. Meget knas. Kører masser af energier ud.

Tilbagevendende svag smerte fra mave. Mave og urinblære løsner op. Smertedunken. Maven helt løsnet op. Sure opstød.

Det må have været disse smerter, der har stoppet min mave - livet igennem - hver gang, de har været restimuleret.

Det, jeg indtil nu har kaldt skrig med vidtåben mund, er i virkeligheden smerter i strube og svælg. Det må have været sur opkast, der har siddet og ætset hele vejen op.

Når jeg i dag kigger på disse notater, er det helt oplagt angst i afsindig grad, der dominerer i denne periode. Angsten sidder som en knude i maven og påvirker mine underlivsfunktioner og spænder i strube og svælg med voldsomme smerter til følge. At jeg så laver en konklusion om, at jeg som

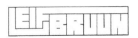

foster har kastet op, er mere et udtryk for forvirring og iver efter at finde logiske forklaringer, end det er udtryk for fornuftige overvejelser.

• **7. periode** I den næste periode bliver smerterne mere markante end tidligere - især smerterne omkring næseroden, struben, svælget og spiserøret.

Her følger et uddrag af mine notater:

Det er som om alle smerteoplevelserne udgår fra næseroden. Har ondt i halsen - influenza?

Hvis der findes en lidelse eller sygdom angående for tidligt udviklede følesanser, så har jeg lidt af den i udpræget grad.

Det er som om, der er en åbning i ganen, og at overkæben er delt på midten.

Er i bund på tidssporet, men finder ingen smerter. I stedet bobler der hele tiden forskellige tanker frem, der cementerer tidssporet, og skubber mig fremad mod nutid. Der er hele tiden smertelommer, hvor energierne skal udlignes - især omkring næseroden. På rækkefølgen kan jeg udlede, at jeg er på vej op.

Der udlignes utrolige energimængder. Ind imellem kommer der mange mindelser fra drengeårene. Ganen føles lukket igen. Svage vandresmerter i højre side af munden. Nu er jeg åbenbart færdig med lommerne og tilbage på bunden ad tidssporet. Ganen føles utrolig åben - helt op til næseroden.

Nu kan der da ikke være mere. Jeg var helt inde i centret af orkanen. Gennemlevet lag på lag, dybere og dybere. Har været helt i bund.

Det er helt anderledes at gå ned denne gang. Det tager lang tid. Det er som at trykke luft i en slange med en masse indsnævringer. Slangen er trykket sammen - blokeret, og

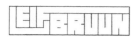

kr@ver koncentreret opmærksomhed inden den knaser op
og udløser smerten.

*Kan smage blod. Ganen føles nu åben helt op til næsero-
den. Oplever hvidt lys flere gange. Det er som om hele ho-
vedet bliver trykket skævt. Syresmag. Næserod, gane og
overkæbe - det er som, det hele er rodet sammen midt i an-
sigtet. Syre og metalsmag.*

Stemmen er væk. Smerter i svælg og strube.

Tampen brænder! Det er tydeligt, at jeg endnu ikke sætter
mine oplevelser i forbindelse med ulykke og kraniebrud,
men jeg nærmer mig sandheden: Knasen, blodsmag og ho-
vedet bliver trykket skævt.

Det er stadig angst, der er årsag til smerterne i svælg og
strube. Angsten er så dominerende, at jeg i flere dage mister
stemmen og tror, jeg har halsbetændelse.

- **8. periode**   I de efterfølgende notater kalder jeg
smerterne ekstremt voldsomme og taler
om kraniesmerter. Smerterne er især koncentreret omkring
højre næserod, kæbehule og højre kindben.

Her følger et udpluk af mine notater fra denne periode:

*Det føles efterhånden, som om næseroden sidder midt
mellem øjnene. Oplever smagen af blod mange gange.
Hvidt lys. Ansigtet føles utrolig åbent. Oplever en ny type
stikkende smerter, som et helende sår der klør. Kæbehulen
presses sammen. Blodbad. Kan mærke næseroden er delt.
Benstumper. Oplever ofte lilla symmetriske lysformationer.
smertedunken. Kæbehulen snører sig helt sammen. Masser
af knas.*

*Det er påfaldende, så ofte jeg oplever, at en konfronteret
smerte i fostertilstanden udløser minder om en konkret nu-
tidig hændelse.*

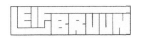

Ekstremt voldsomme kraniesmerter i panden. Kvalmende hovedpine - let genkendelige følelser fra mange tilsvarende i nutid!

Der er en gevaldig oprydning i gang inde i hovedet. Det er efterhånden mere energiophobninger end smerter, men jeg kan mærke, at det er noget, der trækker tænder ud!

Ingen smerteenergier tilbage. Kun det åbne ansigt med de ømme benstumper i overkæben - også denne smerte genkender jeg fra min nutid.

Det spænder så kraftigt i mundhulen, at der kommer vabler. Jeg oplever oftere og oftere, at lige i det øjeblik jeg kommer gennem smerterne, fyldes jeg af en kriblen med kuldegysninger, som når fint tøj kradser.

• 9. periode Fra nu af bliver det anderledes. Jeg er trængt ned til de ophobede følelser, der er opstået ved selve ulykken. Fra nu af behøver jeg ikke mere gå ned ad tidssporet for at konfrontere misfølelserne. Nu kommer de af sig selv - døgnet rundt, uanset om jeg ønsker det eller ej. Det er selvfølgelig generende og anstrengende i hverdagen. Men ikke på noget tidspunkt ønsker jeg det anderledes. Det er så utrolig befriende, hver gang jeg har tid og lejlighed til at koncentrere mig om misfølelserne og køre dem ud. Og så tror jeg jo hele tiden på - at næste gang er sidste gang.

Misfølelserne i denne periode er især angstsmerter fra strube, svælg og mave. Og voldsomme kraniesmerter fra næserod, højre kindben, pande og mundhule.

Her følger et uddrag af mine notater:

Smerterne skifter hele tiden til at komme fra struben og fra næseroden. Blodsmag. Smertebanken. Kriblesmerter. Det er som om, det er et slag eller et tryk på højre overkæbe, der presser ansigtet ind. Masser af lilla lys. Det er som om

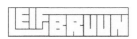

hele den del af ansigtet er trykket ind. Det smager ramt og lugter røget!

Jeg må være blevet ramt af et slag, der har brækket højre kindben under øjet, ved næseroden og højre overkæbe ved hjørnetanden. Disse dele er presset ind og har beskadiget kæbehule, mundhule, svælg og strube. I den efterfølgende periode har dette forårsaget forfærdelige smerter, hver gang min mor har bevæget sig.

Oplever flere gange i dagens løb tics - kortvarige epilepsianfald? Lilla lysoplevelser.

Det er slet ikke udefra kommende smerter, jeg mærker i brystet, men angst der knuger.

Så mange år tog det, inden jeg turde konfrontere og erkende, at jeg har fået en på bærret!

Jeg troede, jeg var på vej ned i en meget voldsom smerte, men det er angst jeg skal erkende, så løsner det. Angsten sidder og knuger i bryst-, ryg- og lårmuskler.

Smerte fra næserod. Gik igennem lag på lag - blokering på blokering. Smerten ebber ud. Til sidst er det kun angst tilbage og hvide lysoplevelser. Det må have været et voldsomt stød.

Ryster over hele kroppen. Koldsved. Det er angst!

Ansigtet fyldes med angst. Smerter omkring højre øje. Hvid, sort og lilla lysoplevelser. Det er altså herfra angsten og lysoplevelserne opstår.

Angst spænder i lårmusklerne. Voldsom strålesmerte til højre for næseroden. Angst giver voldsomme spændinger rundt i hele hovedskallen. Det er som en stor depressiv dyne, der løftes af.

Symmetriske kraniesmerter skyldes depressiv dødsangst. Dødsangst danner et primærindtryk, der starter i struben (dødsrallen), svælget, mundhule, mellem øjnene, hele vejen rundt i hovedskallen, nakken og resten af kroppen. Stivner.

- at leve livet levende

Chok. Især i hovedet er disse smerter så kraftige, så det fø-
les som om, det sprænges. Disse smerter overgår langt de
egentlige smerter, men da musklerne rundt om hjernen er
blokerede, udelukkes bevidstheden om det.

Kraftig smerte i strube, svælg og pande. Smertedunken.
Piller lag på lag af. Hurtige smertedunk. Ryster over det
hele. Kraniesmerter i mundhulen. Knas. Smertedunken.
Kvalme. Jeg er tæt på mig selv nu. Det virker enormt ud-
marvende og indadvendende. Tørre depressive energier
vælter ud. Lilla lys. Blodsmag. Depression. Jeg tror, det er
angsten, jeg blev færdig med.

Angst sidder rundt i hovedet, brystet, maven og forsiden
af lårene. Vrede sidder i ryggen, lænden og baglårene.

Jeg føler mig opstemt i dag.

Smerter ved højre kindben. Kan mærke, det er trykket helt
ind i ansigtet ved højre side af næseroden. Alle energier
pumper ud gennem strube og bryst. Smertedunken. Hvor
har den angst siddet dybt i mig - så dybt, at jeg troede, den
var en del af mig. Smerter over, i, og under højre øje - som
efter et kraftigt slag. Utrolige mængder tørre, depressive,
kribleenergier, der forlader mig. Smertedunken.

Nu er det ikke angst, der fylder mig mere - men protest
og modstand.

Vrede = voldsomme kraniesmerter i tindinger, ryg, lænd,
baglår, lægge og kæbehule.

Smertedunken. Depressiv angstsmerte fra issen. Lilla lys.
Det er som om, jeg er på vej ned i et sort hul. Tics. Kraftige
smerter på højre side af overkæben. Hvide lysoplevelser.
Ekstrem voldsom smerte fra højre side af næseroden. Kan
mærke en benstump ind gennem mundhulen.

Jeg er som sagt på det her tidspunkt helt klar over, at det er
en udefra kommende ulykke, der skaber alle mine smerter.
Men det forvirrer mig, at smerterne er så forskellige, og hele

- at leve livet levende   **135**

tiden skifter placering. I begyndelsen tror jeg, det er fordi min mor er faldet ned ad trapperne, og at jeg derved har fået mange slag forskellige steder i hovedet og på kroppen. Som det fremgår, begynder jeg at kunne kende forskel på smerter, angst og vrede.

Det fremgår også, at jeg begynder at forstå, at angst og vrede har det med at sidde i hver deres muskelgrupper. Det er lidt vilde skud jeg kommer med, men der begynder at tegne sig et billede af, at angst sidder forrest på kroppen og vrede bagerst.

• 10. periode

Hvor det tidligere var angst og smerte, der var fremherskende, er det i denne periode vrede og smerte:

Voldsomme vredessmerter fra isse og baghoved. Bevidstløs. Voldsom smerte fra højre side af næserod.

Det er som om, der er en smertelinje fra højre side af panden, over højre øjenkrog til højre side af næseroden, hvor kindbenet er trykket ind i mundhulen og videre til højre overkæbe, der også er trykket ind i munden.

Lilla lys. Kæmpe energiudladninger fra højre side af næserod. Det er som en glødende kugle, der stråler mig væk igen, når jeg kommer tæt på.

Det er jo mit kindben, jeg kan mærke inde i munden. Tics. Voldsom smerte fra højre kindben, lige der hvor benet brækker ind i munden. Tics. Blod/metalsmag. Smertedunken. Det hamrer som et maskingevær. Kan ikke komme ned. Ned til hvad?

Oplevede, at kindbenet bevægede sig ud af munden og på plads igen. Smerter og angst væk. Lettelse. Smertedunken. Blodsmag.

- at leve livet levende

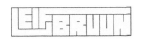

Det er en mærkelig fornemmelse at ligge med munden fyldt med en stor blodklump, og når jeg så går ud af tilstanden og synker, er der ikke noget!

Voldsom rystende angst. Depressiv. Hvidt lys. Strålesmerter fra højre side af næserod. Hamrende angstsmerter fra struben.

Hamrende angst er slet ikke angst, men dirrende vrede jeg er fyldt op med. Nu er proppen taget af. Det bliver bare ved med at vælte ud. Nu kan jeg mærke benbruddet ved næserod og kindben. Smerterne i maven skyldes simpelthen angst, der knuger.

Jeg har nu flere gange kørt angsten og smerterne væk. Men jeg behøver blot gå udenfor på gaden og møde et andet menneske, så er der gang i det næste.

Jeg oplever hele tiden smerterne kraftigere og kraftigere. Det er ikke et udtryk for, at jeg lider mere og mere under traumeforløsningen. Men nærmere et udtryk for, at jeg oplever smerterne mere direkte, efterhånden som jeg pakker mig ud af de dulmende, apatiske misfølelser.

Kriblen i venstre lår, smertejag i højre underarm og kriblen i højre knæ. På den måde oplever jeg i denne periode hele tiden ubehag utallige steder på kroppen og tror, at det er flere forskellige slag, der har radbrækket mig. I virkeligheden er det angst, der løsner sig. Angst i ekstrem grad forplanter sig ud i hele kroppen, og sidder som myoser i samtlige led.

I de efterfølgende forløsninger, opleves symptomerne som feberuro i hele kroppen - især i fødder og ben.

- at leve livet levende   *137*

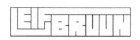

- **11 periode** Denne periode er især præget af angst og vrede. Fra nu af taler jeg ikke mere om kraniesmerter. Nu kan jeg fuldt ud skelne angst- og vredesspændinger fra de direkte smerter.

Her følger et uddrag af mine notater:

Føler mig radbrækket, har ondt alle vegne. Hovedoprydning har foregået hele natten. Vrede og smerte smelter sammen. Lilla lys. Kan mærke bruddet hele vejen rundt. Kraftig angstsmerte i bryst og mave. Forskrækkelse, hjertet sidder oppe i halsen. Mange elastikspring[1] fra højre side af næserod.

Vredessmerte vælter ud fra isse og nakke. Det er ved tanken om, at jeg skal i byen i aften!

Febersløvhed siden i går. Det er som om mit system ved, at jeg nu er igennem! Næseflåd. Allergi. Ømhed på venstre side af næserod.

Voldsom vredessmerte fra baghoved og isse. Rystende angst. Jeg tror, jeg er bevidstløs her. Angstsug fra maven. Kraftige smerter fra højre side af næserod. Det er som om, næsen er trykket helt ind i hjernen. Det lugter af råt kød. Tics - sker oftere og oftere. Lilla lys. Mange elastikspring. Hyletone i højre øre - mange gange.

Munden er fyldt med blodskum. Kvalme. Lugter råt kød. Mange elastikspring. Angstsmerte fra mave og smerte fra højre side af næserod vælter ud døgnet rundt. Hovedpine. Svimmelhed. Flimmer for øjnene. Tåget. Vrede. Bølger af lilla lys. Blodbad. Kødlugt. Tics. Hvidt lysflimmer.

---

[1] Betegnelsen elastikspring bruger jeg ofte i det efterfølgende. Jeg forestiller mig, at det er nervetrådene, der rykkes over.

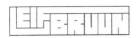

Hvis jeg bruger fingrene for at mærke efter, hvor smerten sidder i ansigtet, føles det helt misvisende. Mit ansigt var jo helt anderledes dengang!

Lammelse inde i hovedet og baghovedet. Falder i sorte huller. Ondt i halsen. Utilpas. Lammelse. Voldsomme elastikspring. Stemmesvigt.

Blodnæse flere gange. Lammelse inde i hovedet. Voldsom angstsmerte fra strube, mave, testikler og endetarm. Lilla lysformationer. Jeg tror, det var det sorte hul. Stadig svag stemme. Utilpas. Denne kvalmende hovedpine, har jeg oplevet mange gange i mit liv.

• **12. periode** Indtil nu har lammende, tågede, depressive og apatiske misfølelser været mere dominerende end smerterne. Men fra nu af trænger smerterne mere igennem. Både de direkte smerter og de fremprovokerede smerter fra angst og vrede.

Smerterne er især koncentreret omkring højre side og toppen af næserod, højre side af nakke og højre kindben. Vreden sidder især i isse og nakke. Angst koncentrerer sig om strube, bryst og mave:

Tics. Lammelse inde i hovedet. Besvimende voldsom smerte fra højre side af næserod, højre øje, over højre øjenkrog og højre side af nakke. Tonsvis af energier. Vrede udløser tør støvende depression. Lilla lys.

Traumeforløsning er egentlig nemt. Læg dig på ryggen, gør ingenting, så kommer resten af sig selv!

Rystende angstsmerte fra bryst. Voldsom vredesmerte fra isse. Voldsom smerte fra højre side af nakke og højre side af isse. Voldsom skarp smerte som i en lige linje fra næseryggen over højre kindben til over højre øre. Gult/grønt lys. Vanvittig skærende smerte i linjen fra højre næserod til højre kindben. Elastikspring. Bølge på bølge af voldsomme smertejag på højre side af næserod. Dirrende tics. Lammelse i højre side af isse. Knugende angstsmerte fra mave.

Hovedpine. Fornemmer tydeligt brudfladen, der er blotlagt. Voldsomme tics.

Vrede er symmetriske krampetrækninger i hovedskallen, der ophober smerteenergier, lammelse, chok og bevidstløshed!

Voldsom sårkløe. Smerte til venstre for næserod. Kvalmende. Svimlende. Hele overkæben fra venstre overkæbe til højre kindben er trykket ind i munden.

Tics er pludselige energiudslip, der fører et trin videre!

Blytunge energier fra højre side af næserod. Lammelse i baghovedet - tørre depressive energier. Stemmesvigt. Nervesmerte ved højre næserod. Hele bruddet er blotlagt. Jeg tror, det var tics-hullet, jeg fik fyldt op.

Det er som om, jeg ubevidst søger at undgå at erkende disse tics.

Når jeg koncentrerer opmærksomheden om smerten, strømmer vrede, angst og lammelse ud.

• **13. periode** En forholdsvis fredelig periode. Smerterne når på intet tidspunkt tidligere maksimum. Det fik mig selvfølgelig straks til at tro, at jeg var igennem, og nu ebber de lige så stille ud.

Smerterne koncentrerer sig om overkæbe, næserod og højre kindben. Vreden sidder i nakke, isse og baghoved. Angsten fortsætter i struben og maven.

Her følger nogle få notater, da de øvrige er gentagelser:

2 voldsomme smertejag på venstre side af næseroden. Angstsmerte i struben - som en jernnæve om halsen. Kraftige smerter alle smertesteder. Jeg tror, at bruddet på toppen af næseroden ligger under næseroden! Rystende vrede.

Bølge af tics. Energier væltede ud til langt ud på natten. Lilla lys.

Oplever baglæns og i slow motion, hvordan partiet fra toppen af næseroden til højre overkæbe mases ind i ansigtet. Muskelkramper i baghovedet. Højre side af næseroden er mast ind i munden - kan mærke det med tungen. Angstsmerte i bryst og strube vælter ud. Det er som om, det først er nu, jeg kan slippe det ud.

• 14. periode

Bedst som jeg troede, det var ved at ebbe ud, begynder smerterne at tage til igen. Smerterne er koncentreret omkring højre side af overkæbe og næserod. Angsten skifter karakter til sitrende og rystende angsturo i hele kroppen. Vreden er som spændinger i isse, baghoved og nakke:

Voldsom spænding inde i hovedet. Feberuro i kroppen. Jeg kan mærke, der ligger noget voldsomt under overfladen - alt mens 'influenzaen' raser.

Man kunne forledes til at tro, at det er de samme energier, der kører i ring, men det er hele tiden et nyt skridt på vejen.

Feberhed og kvalmende tung mave. Tics. Smerter fra højre side af overkæbe, venstre side af nakke, kindben og tinding. Det er min mors rygrad, der understøtter venstre side af hovedet, medens noget voldsomt klemmer højre side flad.

Der er noget, der rammer mig oppe under overkæben, og presser mit hoved tilbage. Der er min mors rygrad. Ansigtet er flækket fra højre side af overkæbe til op langs højre side af næserod. Delene bevæger sig. Tics. Gigantiske elastikspring. Kriblesmerter. Samtidig lettede min 5 dages 'influenza'.

Der er et enormt pres på højre side af hovedet. Smertejag fra maven. Det bliver mere og mere smerte og mindre og mindre depressivt.

Tampen bliver varmere! Jeg modtager flere og flere informationer om, at det er et voldsomt pres, der har mast mit hoved. Men jeg har ikke erkendt det endnu og tror stadig, at smerterne er forårsaget af flere slag.

Det er bemærkelsesværdigt, at erkendelsen af min mors rygrad på venstre side af hovedet påvirker mig så voldsomt.

• 15. periode

I denne periode stiger smerten til nye ekstreme højder for hvert nyt trin. Smerterne er især koncentreret om højre side af overkæben, begge sider af næseroden, højre side af issen og kinden. Den store smertestigning er stadig ikke et udtryk for, at jeg lider mere og mere. Tværtimod, så fungerer jeg mærkbart bedre i min hverdag. Og jeg er jo næsten igennem!

Jeg lukker enormt mange aggressioner ud i perioden. Vreden sidder i issen, baghovedet og nakken. Jeg kan tydeligt mærke, hvordan det letter, og hvor meget disse indestængte aggressioner har begrænset mine muligheder for at udtrykke mig afbalanceret i nuet. Angsten sidder især i maven og som vokseværk i ben og fødder:

Overkæben smerter i højre side helt ud til kæbeleddet. Smerter hele bulen rundt. Kan tydeligt mærke hele cirklen. Bulen er afgrænset af højre side af issen, baghovedet, nakken og panden. Højresiden er åbenbart én stor bule. Overkæben bevæger sig. Kraftige knaselyde - flere gange. Kraniet er klemt helt skævt, og næseroden er mast til venstre. Højre kindben er trykket langt ind.

Modløshed. Knasende smertejag til venstre for næserod. Overvældende rytmiske dunk i hele hovedet. Voldsomt pres hele bulen rundt. Hovedet er klappet sammen. Tør depressiv vrede i baghoved og isse.

Enorme mængder tunge smerteenergier fra hele bulen. De skal åbenbart alle sluses ud gennem højre side af overkæben.

Det er virkelig hele højre side af hoved og ansigt, der er presset ind, som en punkteret plastikbold.

Knaselyde. Angstsmerter fra endetarm. Højre kindben og højre øje er trykket langt ind. Lilla lys. Tics. Gigantiske elastikspring. Knaselyde.

Det er jo modtrykket fra min mors rygrad, der knækker venstre side af overkæbe.

Det er utrolige energimængder, der udlignes mellem højre side af overkæben og bulen.

Der er også en bule i venstre side fra overkæbe ved 'hjørnetand', øre, tinding og nakke.

Overkæben er trykket helt sammen. Pludselig gik der hul, og smerteenergierne væltede ud fra højre overkæbe til resten af hovedet. Den punkterede bold blev pustet op igen. Nu blæste bolden helt op. Feberuro. Vokseværk i begge ben og fødder. Feberuroen i leddene er simpelthen angst, jeg skal igennem. Det forklarer også alle de tidligere smerter rundt i kroppen.

Hele kroppen græder! Det er hele kroppen der hulker. Det er en utrolig befrielse bare at lade det komme. Jeg havde jo heller ikke mulighed for at græde dengang.

Lugter råt kød. Sitrende feberuro i underliv, ben og fødder. Hele højre side af overkæben ligger inde midt i munden. Feberuro.

Nu faldt 10-øren. Højre side af hovedet er presset sammen som en punkteret plastikbold. Min mors rygrad dannede modtryk på venstre side af hovedet - især ved overkæben.

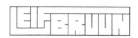

Sådan er det. Det er den skæbnesvangre ulykke, der er udgangspunktet for mit liv. Det er jeg fra det her tidspunkt ikke et øjeblik i tvivl om.

• **16. periode** Smerterne kommer i denne periode først og fremmest fra højre mundhule og i mindre grad fra venstre mundhule, men også bulen i højre side smerter hele tiden. Smerterne bliver mere og mere stationære og direkte. Det opleves, som om smerteenergierne fra bulen er for overvældende i sig selv, og skal presses ud gennem mundhulen.

Det er også bemærkelsesværdigt, at i begyndelsen dominerede smerterne fra næseroden, så blev det overkæben, og nu er det altså mundhulen. Faktisk tror jeg, at det hele tiden har været mundhulen. Det er bare først nu, jeg kan placere smertestedet nøjagtigt.

Vreden giver krampesmerter især fra nakke, baghoved og isse. Angsten udgår især fra maven med feberuro ud i alle led:

Tidligere smerter - især fra venstre side af næserod og højre kindben - må have været venstre og højre side af mundhule!

Høje knaselyde som når man har sand mellem tænderne. Angstsmerter fra endetarm, testikler og mave. Kvalme. Svimmelhed. 'Influenza'.

Lammelse i baghovedet. Smerte fra højre side af mundhulen, som når tandlægen borer direkte i en nerve. Energierne går stadig fra højre bule og ud gennem højre side af og mundhulen.

Tungsind kender jeg efterhånden ikke mere.

Blodnæse. 'Influenza'. Vanvittig kløe. Angsturo i benene. Tics, der er så langtrukne, at jeg kan mærke overmunden mases sammen.

Det er rene smerter, der kommer nu - uden misfølelser.
Kun tung i hovedet/ hovedpine - indestængte smerter.
- Dong, dong! sagde det. Jeg troede det bankede på dø-
ren. Men det var altså inde i mit hoved.
Vågnede i nat ved at højre mundhule brækkede sammen.
Vredessmerter i nakken - så voldsomt at jeg får mit klas-
siske hold i nakken.
- Bang! sagde der inde i hovedet.
- K N A S ! sagde det inde i hovedet
- Knak, sagde det 4 gange!

• 17. og sidste periode

Den markante ændring er, at fra nu af kan jeg tydeligt mærke, at ikke bare højre, men også venstre kindben presses langt ind i hovedet, og at smerterne stammer fra de tilhørende brudflader. Denne sidste periode udgør cirka 70 % af primærhændelsens samlede tid. Samtidigt er det i forhold til tidligere en mere monoton periode, der føles endeløs. Smerterne er hele tiden koncentreret om især højre kindben, venstre kindben og højre og venstre buler. Ind imellem oplever jeg også smerter ved underkæben og højre overarm, men de overdøves hurtigt af de andre smerter.

I perioder fylder en knugende angst mig med feberuro i alle benled med influenzalignende symptomer. Når angstsmerterne i endetarm og testikler folder sig ud, overgår de alt andet i intensitet. Andre gange er det vreden, der bliver udløst - mange gange i hovedet på uskyldige mennesker:

Højre kindben lå helt nede og inde i munden.
Nu KNÆKKEDE højre og venstre kindben ud på plads.
Lilla lysbølge ud fra højre kindben.
Tænk sig, alle de smerter jeg lukker ud, de har været der
inde hele tiden!

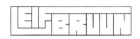

Jeg tvang opmærksomheden til issen. Så skal jeg love for, energierne flyttede sig.

Begge øregange klappede op.

Det strammer, så øjnene bliver blodsprængte.

- Bang, bang, bang, lød det. Som når man banker på en dør.

Energierne løsner op i maven i store klumper og medfører pistolafføring. Det er angsten, der sprøjter ud!

- Dong, lød det inde i hovedet. Og så flygtede jeg ved at lave synkebevægelser! Dong = Tic

Smerterne er efterhånden så skarpe, at det føles, som om hovedet er fyldt med glasskår!

De sidste dage har jeg følt det, som om mit hoved var inde i en luftklokke med hyletoner og næseblod. Der opstår vokspropper i venstre øre.

Jeg kan efterhånden rumme smerterne fra alle smertestederne på én gang, det udløser en masse energier.

- Bang, bang, sagde det om natten, så jeg var ved at hoppe ud af sengen.

Diverse muskelflimmer i lår og bryst.

- Bang, sagde det med et rystende brag på højre side af hovedet.

Tics eller Bangs - jeg kan ikke kende forskel mere.

Højre skulder har været voldsomt i klemme!

Skarpe smerter på højre side af tungen.

Smerterne har de sidste 3 dage givet mig fornemmelsen af at have halsbetændelse, hvilket ikke er tilfældet. Febersmerte og snot har i flere dage været en del af hverdagen!

Luftklokke eller smertedunken skyldes angstfyldte muskelkramper ved højre kindben!

Klumpeopløsning i maven, voldsom blodnæse, 'influenza', stemmesvigt, tics og rå kødlugt.

Masser af knugende angst i hele kroppen, der fylder hele hovedet, som tøj der kradser!

- at leve livet levende

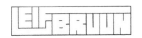

Jeg skønner, at op mod 90 % af de samlede energier blev kørt ud i forbindelse med bruddet på højre kindben. Kun ind imellem var smerterne fra venstre side af hovedet dominerende – som meget skarpe smerter. Så langt det meste af tiden, lå jeg altså med smerter ved højre kindben. Men jeg har oplevelsen af, at smerterne fra de andre brudflader blev kanaliseret ud her.

Hvis jeg bliver i terminologien med den punkterede plastikbold, så var punkteringen ved højre kindben, men de store brudflader lå i den store omkreds.

Det er utrolig mange timer, jeg har brugt på mit tidsspor, og jeg må da også indrømme, at jeg undervejs ofte har tænkt, om der overhovedet var nogen ende på det. Er det ikke bare de samme følelser, der kører i ring - igen og igen? Men det har kun været sporadiske tanker. Jeg har aldrig tvivlet på, at det jeg gjorde, var det rigtige, og at jeg ville komme igennem. Den lettelse, det har været, hver gang jeg kom igennem næste trin, sammenholdt med, at jeg i min hverdag kunne opleve, at mit liv blev mere og mere levende, var for mig bevis nok.

Det eneste negative, jeg har at tilføje, er, at jeg har kørt primærkæden ud solo - uden at have nogen at tale med. Det kan jeg ikke anbefale andre at forsøge sig med.

Det har kostet mig enorme resurser at køre primærkæden ud, og jeg har været uhyggeligt langt nede. Alene - uden nogen at støtte mig til, men jeg tvivlede aldrig på, at jeg var på rette vej:

> Psykisk udvikling kan sammenlignes med at pille bladene af et salathoved. Ét blad ad gangen. Men hvor det er ret forudsigeligt, hvad der

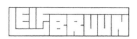

er under det næste blad på et salathoved, er det mere spændende med ens egen udvikling. Man aner hverken, hvad der er under det næste blad eller hvor mange, der er tilbage.

Hen ad vejen er fidusen at glæde sig over hvert blad, man får fjernet. Frem for at ærgre sig over dem, der er tilbage.

Hvis jeg i dag blev spurgt, om jeg stadig kan genkalde mig de situationer, jeg har været tilbage i, er svaret nej. Det tidligste jeg husker, er omkring 1 års alderen, hvor jeg kan fornemme mine forældre, den hvide mælkevogn med den store hest, gyngestolen i døren og den kælderlejlighed vi boede i. Sjovt nok, er det gasmåleren, i køkkenet, som de voksne kravlede op på en stol for at gøre et eller andet ved, jeg husker bedst.

Alle de tidligere genkaldelser ligger trygt i min hukommelse - i mit erfaringslager, om man vil - uden at sende forstyrrende signaler op i min nutid.

Efterdønninger

I begyndelsen af 2005 er jeg færdig med at køre traumeforløsninger. Simpelthen fordi, jeg nu har et fuldt åbent tidsspor. Der er ikke flere følelsesophobninger, der kan restimuleres og lave blokeringer. Jeg har altså nået det mål, jeg hele tiden har stilet efter. Et åbent tidsspor er forudsætningen for at kunne være en tilstedeværende person, der har sit

- at leve livet levende

erfaringsslager til rådighed. Det er det, jeg kalder det levende i livet.

Så vidt, så godt. Men i bunden af mit tidsspor har jeg altså en meget smertefyldt oplevelse liggende. Der er stadig smerter tilbage i den, som jeg ikke har konfronteret. Og da tidssporet er åbent, oplever jeg det som nutidige smerter. Ondt i hovedet kunne man også kalde det. Hvis jeg gik til lægen, ville han sikkert kalde det kronisk hovedpine.

Sådan oplever jeg det nu ikke selv. Jeg kan tydeligt mærke, at jeg er på vej igennem. Nogen gange er smerterne kraftigere end andre gange. Når jeg er engageret i noget, mærker jeg ikke smerterne. Men så hober energierne sig op, og jeg bliver tung og træt. For at blive fit for fight igen er jeg nødt til at hvile mig - i måske ½ time.

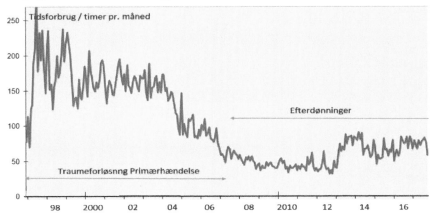

Som vist på diagrammet er der stadig efterdønninger her i midten af 2017. Får det nogen sinde en ende? Det er jeg egentlig holdt op med at tænke over. Jeg har vænnet mig til, at sådan er mit liv.

1 til 2 timer om dagen bruger jeg på at forløse følelser. Det kan være generende især i sociale sammenhænge, at jeg pludselig bliver tung og træt. Til gengæld er jeg i en psykisk

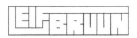

balance, som jeg aldrig har været det før i den øvrige del af tiden. Det udnytter jeg fuldt ud med masser af spændende og engagerende aktiviteter.

Selverkendelser

Selverkendelse forudsætter,
at man er i stand til
at konfrontere sig selv!

Når man, som jeg, har haft et tidsspor, der var brolagt med fortrængte oplevelser, var dét at leve i nuet et sandt bombardement af følelses- og tankemæssige indtryk. De traumatiske oplevelser meldte sig med misfølelser, bare der i min hverdag var den mindste anledning til at restimulere dem. Alene tanken om at skulle møde andre mennesker, var nok til at fylde mig med mindreværd. I andre situationer kunne det være aggressive eller depressive kræfter, der fyldte mig, og derved aktiverede mine tillagte rollespilsmønstre.

Fx har det altid ærgret mig, at min familie var så pirrelig op til højtider og andre festlige lejligheder, at det som regel endte med dramaer og uvenskab forinden. I dag skal jeg lade min families egenskaber være usagte, men for mit eget vedkommende erkende, at min pirrelighed i høj grad var restimuleret.

Fortrængte oplevelser bliver - som en naturlov fra sindets side - ustandselig udløst som tanker, der trænger sig på med

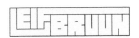

det formål, at man skal konfrontere og erkende og derved bevidstgøre sig om dem. Men da mange af de fortrængte oplevelser har ligget i hukommelsen i årtier, bliver tankerne med tiden mere og mere uigennemskuelige.

Et sådant bombardement af misfølelser og tanker var alt for overvældende til, at jeg kunne rumme dem. Den slags problemer løses mange gange ved at dulme sig med alkohol, medicin og/eller narkotika, men til mit held har jeg ikke de tilbøjeligheder. Tværtimod, hvis jeg drak alkohol i situationer med misfølelser, blev mit sortsind endnu værre.

Set i det lys havde jeg heldigvis en anden mulighed - nemlig at lukke mig inde i mig selv. Når jeg var derinde og lukkede samfundet ude, var der intet, der kunne nå ind og udløse mine knapper med misfølelser. Og mis-tankerne holdt jeg på afstand ved hele tiden at være engageret og beskæftiget med andre ting. Herved opnåede jeg ofte at præstere noget, hvorved jeg kunne hævde mig selv og derved samle kræfter til igen at komme ud i samfundet og prøve lykken.

Fx har jeg ofte undret mig over, når jeg som dreng spillede kort på regnvejrsdage med kammeraterne, var jeg altid helt oppe på mærkerne i starten og vandt de første spil. De efterfølgende spil derimod var mig ligegyldige og kedelige. I dag kan jeg godt se sammenhængen i, at det var nærmest med livet som indsats, jeg skulle vinde for at vise mit værd og holde de andre på afstand af mine knapper. Når det så var lykkedes, var jeg både udmattet og egentlig også ligeglad med kortspillet.

At udvikle sig psykisk er et arbejde, der skal foregå fra flere indfaldsvinkler. Når man går ned ad sit tidsspor og konfronterer traumatiske oplevelser, løser det også op for nutidige blokeringer. Med andre ord, man begynder at blive mere bevidst om sig selv, og det er faktisk erkendelserne af disse

bevidstgørelser, der mange gange er den største del af arbejdet.

For mig var det virkelig chokerende at begynde at erkende, hvor meget det ubevidste styrede mit liv. Betragtninger, forventninger og ikke mindst selvforherligelser i ubevidst form fyldte mig konstant, uden at jeg anede det mindste om det.

At bevidstgøre sig om disse blokeringer kræver virkelig vedholdenhed. At fange, fastholde og erkende en sådan ubevidst følelse eller tanke er en virkelig gevinst. Min oplevelse er, at man er cirka halvvejs med arbejdet med at nå det fulde udbytte af denne gevinst, når man erkender den konfronterede realitet første gang. Derefter bliver det et slidsomt og vedholdende arbejde at opdage misfølelsen hurtigere og hurtigere og stoppe det rollespilsmønster, den aktiverer. Til sidst kan man blive så hurtig, at man kan stoppe rollespillet, inden det får begyndt. Så har man vundet, for nu er det opløst.

Men pas på, det er jo en uvane man har tillagt sig gennem mange år, så det skal nok prøve på at snige sig ubemærket ind igen - men slet ikke med samme styrke som første gang. Alligevel er det meget nedbrydende at tage sig selv i noget, man troede, man var kommet ud over.

I mit arbejde for at fange disse flygtige følelser og tanker og gøre dem til selverkendelser, har jeg igen haft meget glæde af blyanten. Dét, at sætte egne ord på oplevelsen og skrive den ned, var virkelig noget, der gjorde den solid i hukommelsen. Det er disse selverkendelser, jeg har samlet og viser i det efterfølgende. Som sagt foregår psykisk udvikling med to skridt frem og ét tilbage, hvorved der forekommer mange selvmodsigelser. Dem har jeg ikke gjort noget for at pynte på. Erkendelserne er beskrevet - mange

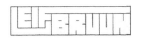

gange i notatform - som jeg har oplevet dem, i den rækkefølge jeg har fanget dem. Ud over rent sproglige rettelser er der ikke lavet ændringer.

Da jeg allerede tidligt kunne se, at min nye viden ikke kun omfattede problemer forbeholdt min egen verden, fik jeg sideløbende den hobby at lave sentenser. I det omfang disse indeholder egne selverkendelser, har jeg taget dem med her. Man skal altså ikke tage fejl af, at selvom jeg udtrykker mig ukonkret med *man* og *vi*, så er sentenserne først og fremmest rettet mod mig selv.

Som det vil fremgå, var jeg i starten i 1990 meget ordknap og udtrykte mig helst med stikord og i generelle vendinger og helst ikke i *jeg* form. Faktisk var det sådan, at i selskabelige sammenhænge opfattede jeg mig selv som den tavse dansker og i familiens skød som det sorte får. Det fremgår også, at jeg har gået i både flinke- og positivskolen. Fx når jeg skriver *ønsker at lære at kunne opfatte kritik på en konstruktiv måde*, så er det altså en erkendelse af, at jeg ikke kunne have, at nogen kritiserede mig:

Menneskesky:
- Tør ikke vise følelser.
- Har svært ved at slutte venskaber.
- Er afvisende, hvis andre forsøger at komme mig i møde.
- Opfattes arrogant.
- Er nærtagende.
- Kritik eller forsøg på hjælp fra andre opfattes negativt som utidig indblanding.
- Bliver tavs og indesluttet i selskaber og større forsamlinger.
- Kan ikke huske, hvornår jeg åbent har modtaget et andet menneske med et knus og et smil.

-- o --

- at leve livet levende   153

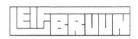

Periodisk sortsyn:

- Forudser, at alt hvad der kan gå galt, går galt.
- Dårligt humør, ingen udstråling, trist, indesluttet, maven snører sig sammen, stemmen lyder som piskesmæld, irritabel.
- Kan ikke tænke klart eller tage beslutninger.
- Tømmermænd forstærker symptomerne i op til 3 dage efter.
- Symptomerne forstærkes i pressede situationer.

-- o --

- Nu tror jeg ikke længere på, at det er andres skyld, at jeg er i den ulykkelige situation og er deprimeret, forklarede jeg lægen. Herefter lykkedes det ham hurtigt at overbevise mig om, at jeg var syg.

-- o --

Egenskaber jeg ønsker forbedret:

- At man ikke skal hævde sig selv ved at træde på andre.
- At kunne udtrykke positive følelser (være imødekommende, kunne give et knus, smile).
- At kunne opfatte andre som medmennesker og ikke altid som modmennesker.
- At kunne opfatte kritik på en konstruktiv måde.

Man kan udmærket hævde sig selv
ved at nedgøre andre.
Man bliver bare så ensom!

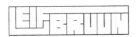

Jeg opsøgte i dag en psykolog. Således så mit oplæg ud:

Problem:	Årsag :	Løsning:
• Ensom • Depressiv • Arbejdsløs	Jeg er næsten til fuldkommenhed oplært til at skjule følelser vha. for-trængninger og blokeringer.	???

Den hurtigste sejr,
man kan vinde,
er at blive ikke ryger!

Det blev jeg så efter 30 år som ryger. Heldigvis for det, men jeg kan ikke anbefale andre at stoppe midt i deres livs krise.

-- o --

Jeg besluttede mig i dag til mit første intensivforløb på Vi-tafakta. Således så mit oplæg ud:
• Jeg ønsker at leve et spændende lære- og oplevelsesrigt liv i harmoni med mig selv og mine omgivelser.
• Jeg er hæmmet i min adfærd.
• Jeg ønsker mere selvfølelse.
• Jeg ønsker at være mere åben, udadvendt og sprudlende.
• Jeg har svært ved at bede om og tage imod hjælp.

-- o --

Jeg er meget følsom, når andre forsøger at komme tæt på. Jeg har svært ved at modtage kritik konstruktivt, men har let ved at lave blokeringer, bortforklaringer og gå i forsvars-position. Blokeringer er i det hele taget noget, der tit opstår, især når det drejer sig om sang, dans og musik. Jeg er ofte fraværende og kan have svært ved at være i nuet.

- at leve livet levende   155

Et godt grin er forløsende og gi'r humør.
Og sammenhold, hvis man er fler'.
Grin aldrig af andre end dig selv,
men gerne med - både andre og dig selv!

Jeg går til sangundervisning, fordi jeg gerne vil lære at synge. Det har jeg aldrig kunnet før pga. blokeringer, der snører sig sammen omkring stemmebånd og underkæbe. Når jeg er i situationen *kan ikke synge*, giver denne viden mig tryghed og forbedrer situationen.

-- o --

- Jeg oplever ofte situationer, hvor jeg reagerer spontant, bruger min intuition og siger, hvad jeg mener. Det er en dejlig afklaret fornemmelse.
- Jeg er blevet god til at gå andre mennesker i møde på en naturlig og afslappet måde og se situationen fra en positiv vinkel.
- Min gang er blevet anderledes, mere fri og rytmisk.
- Jeg oplever stadig situationer, hvor jeg er fraværende, men jeg kan erkende det uden misfølelser og blokeringer.
- Jeg er blevet god til at vise mine følelser, rose, værdsætte og anerkende både andre og mig selv. Men også til at afreagere, skælde ud eller være neutral, hvis jeg har lyst til det.
- Jeg oplever, at mit ansigt har meget mere udstråling end før. Tristheden er ændret til smil og stivheden til liv.
- Jeg er bare go'.

-- o --

- Jeg er blevet god til at undgå misfølelser, ved at få situationen afklaret med det samme. Enten bliver jeg en erfaring rigere eller får opklaret en misforståelse.

- Jeg er blevet god til at lytte til musik, tage initiativer, engagere mig og tage standpunkter.
- Jeg har et fast blik og en god indvendig ro. Når jeg har sat mig et mål, har jeg også stædighed til at gennemføre det.
- Når jeg *er*, er jeg et følsomt menneske med mange gode kvaliteter, stor indlevelsesevne og dermed stor forståelse og tolerance for andre. Jeg opfatter mange ting intuitivt og er god til at komme ind til sagens kerne.
- Jeg er god til at opdage og afvise, når andre har ondt i røven og prøver at bruge mig som skydeskive.

-- o --

- Jeg er for følsom, når andre kommer tæt på. Indadtil reagerer jeg ved at lave misfølelser, fortrængninger og blokeringer. Jeg har svært ved at modtage kritik konstruktivt. Udadtil reagerer jeg ved at gå i forsvarsposition og lave bortforklaringer.
- Jeg har unødigt stort behov for at vise andre, hvor dygtig jeg er.
- Jeg kan i visse situationer være fraværende og forvirret og overhøre selv enkle beskeder.
- Jeg er god til at opdage, analysere og forstå egne svagheder

-- o --

Jeg vil være bedre til at være mig selv og stole på min intuition - at være i samme tidsenhed som andre og lytte til dem. Jeg føler mig tit usikker på, hvordan jeg virker på andre og har et stort behov for positive tilkendegivelser. Jeg føler mig træt af at være så navlebeskuende og higende efter andres anerkendelser. Når tilkendegivelserne udebliver eller ligefrem bliver negative eller bare kan tolkes som negative, kan min selvtillid falde helt i bund på mikrosekunder.

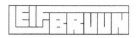

Indadtil reagerer jeg ved at lave misfølelser, fortrængninger, blokeringer og har svært ved at opfatte konstruktivt, hvad der bliver sagt. Udadtil reagerer jeg meget skarpt ved at konfrontere modparten med hvad jeg opfattede, der blev sagt.

Retfærdigvis skal siges, at der findes da situationer, hvor jeg accepterer kritikken, tager den til efterretning og siger tak til. Og mange situationer afklares i øvrigt ved at det viser sig, at modparten mente noget helt andet, end det jeg opfattede.

Endelig er der situationerne, hvor jeg afviser kritikken som uretfærdig, kommer med mine modargumenter og gør opmærksom på, at jeg er ked af at vedkommende opfatter mig sådan. Men min store intensitet og veltalenhed i situationen får mig tit til at tvivle på, hvor ærlig jeg er, og om jeg ikke bare laver bortforklaringer.

-- o --

Jeg ønsker at være mere imødekommende (smilende), blive bedre til at åbne mig og lade andre komme tæt på. Jeg ved, at jeg i mange situationer virker afvisende uden at ville det. Men jeg ved også, at i andre situationer afviser jeg med vilje, og at det er min ret og mit valg at gøre det. Alligevel kommer aggressionerne op i mig, og dermed er det svært at afvise andre uden at såre.

-- o --

Jeg ønsker at være bedre til at lytte, når andre taler. Jeg ved, jeg tit er fraværende og derved let kommer til at opføre mig forvirret og dumt.

-- o --

- at leve livet levende

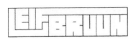

Jeg arbejder utroligt godt, energisk og målrettet med min egen udvikling. Jeg er god til at se på min egen adfærd udefra, og bruge det jeg ser til at komme videre. Jeg har gode evner til at hjælpe andre ved at lytte aktivt og har en veludviklet humoristisk sans.

-- o --

Jeg reagerer intuitivt i min hverdag og føler mig tryg ved det. Siger fra og til som jeg føler situationen og har en rar fornemmelse af at være mig selv nær. At dette så på andre måder skaber problemer, er en helt anden sag.

Jeg er god til at udtrykke mine følelser over for andre. Ikke for meget og ikke for lidt, blot sådan opfatter jeg situationen, og dette er min mening.

-- o --

På ferieturen havde jeg mange gode tilkendegivelser fra andre, der gerne ville i kontakt med mig, høre min mening, tiltrække sig min opmærksomhed, fortælle mig forskellige ting, holde om mig og rose mig. Jeg er blevet god til at have mange mennesker tæt på, fra tidlig morgen til sen aften, 8 dage i træk, uden at blive mere træt eller påvirket, end hvad der må betegnes som naturligt.

-- o --

Jeg tør godt synge højt, også selv om andre lægger mærke til mig.

-- o --

Sælgersyndrom: Når jeg bliver udsat for sælgere, det vil sige, personer der trænger sig på og tilsidesætter menneskelige hensyn, reagerer jeg kraftigt ved at blokere, gå i baglås og blive vred. Jeg har ofte oplevet min far i sælgerens rolle.

-- o --

Jeg reagerer kraftigt ved at blokere, blive vred eller ked af det, når jeg oplever følgende situationer:

- At folk er uærlige over for andre, det vil sige, sælgertypen, der tilsidesætter menneskelige hensyn og trænger sig på for at få sit budskab igennem.

- At folk er uærlige over for sig selv, det vil sige, blokerer over for andres budskaber, fordi de ikke vil kende sandheden.

- At folk tror, de er noget. Det vil sige, sætter sig selv i centrum ved åbenlyst at anerkende egne kvaliteter - uden nødvendigvis at virke pralende. Jeg får helt kuldegysninger ved at tænke på, at jeg selv skulle gøre noget tilsvarende.

-- o --

Jeg er ekstremt du-fikseret og kravler rundt på skødet af andre mennesker dagen lang. Jeg higer efter andres anerkendelser, og blokerer i samme øjeblik, jeg mærker, de udebliver.

-- o --

Jeg har en lille sjov leg, jeg leger med mig selv, når jeg er sammen med andre. Legen hedder *at fange misstemninger*: Jeg udvælger en af de tilstedeværende til konge. Det vil altid være en person, der netop har en kvalitet, jeg selv synes, jeg mangler. Legen går nu ud på, at jeg placerer mig, så jeg hele tiden kan observere kongen. Det giver point/misstemninger, hver gang jeg registrerer, at kongen benytter sin kvalitet.

Det må være af samme årsag, jeg så vidt muligt altid placerer mig, så jeg ikke vender ryggen til andre. Hvis det ikke lykkes, bliver jeg konfus og usikker.

-- o --

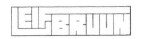

Jeg har opdaget nogle nye sammenhænge:

- De signaler, jeg sender, bliver mange gange opfattet anderledes, end jeg tror.
- Jeg bliver stiv i ansigtet, når jeg blokerer, hvilket for andre ser ud, som om jeg har tjek på tingene.
- Jeg oparbejder vrede, når jeg ikke får udtrykt, hvad jeg mener. Ikke mod andre, men mod mig selv. Men det opfattes ofte omvendt.
- Jeg blokerer, hvis jeg bliver afvist.
- Jeg har svært ved at indbyde og tilbyde andre.
- Jeg blokerer, hvis nogen forsøger at omklamre mig. Fx, når jeg handler i butikker, er det afgørende for mig, hvordan ekspedienten ter sig.
- Jeg laver let misstemninger. Fx når jeg oplever omklamrerer, distancehumorister og vandfaldstalere.

-- o --

Jeg bruger meget at dominere andre ved at sætte dem på plads allerede fra starten med stemmeføring, ordvalg, attituder m.m. Jeg har også mange andre måder at dominere på - fx ved med feminine betragtninger og holdninger at vise min overlegenhed og arrogance.

Lykkes det på den måde at overbevise mig selv om, at jeg er bedre end de andre, øger det min selvsikkerhed så meget, at det bliver selvopfyldende.

-- o --

I min fritid går jeg meget rundt og samler bevismateriale, som jeg så kan benytte til fremtidige domineringer. Samtidig med samler jeg også nogle negative betragtninger om andre, som kan give mig nogle nedvurderende holdninger, som forøger min selvsikkerhed til at gennemføre ovenstående drama.

- at leve livet levende 161

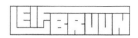

Jeg har en veludviklet humoristisk sans, som sammenkædet med en god portion distanceironi udgør et effektivt våben til at nedkæmpe andre.

Jeg vader også meget rundt i andres haver og blander mig i, hvad de mener, tror på, vil og kan.

Jeg har erfaret, at helt at undlade at besvare en kommunikation, er en raffineret måde at nedgøre andre på. At rose og anerkende andre er strengt forbudt, højst et lille smil kan tillades, hvis det ikke kan undgås.

I bund og grund er mit problem, at jeg ikke kan anerkende mig selv, og derfor er afhængig af andres anerkendelser. Gennem årene har jeg i stedet lært at opretholde en rolig og fattet facade, så uanset hvor meget storm der er indvendig, ligner jeg en, der har check på tingene.

-- o --

Jeg har en holdning, der gør, at jeg ikke må virke påtrængende, og derfor søger jeg kontakt på den feminine måde. Hvis kontakten udebliver, for ikke at tale om at man kritiserer mig, træder mit martyrium-rollespil i kraft. Så tilsidesættes alle hensyn og alle resurser sættes ind på at retfærdiggøre mig selv.

Desuden har jeg gennem årene været meget udrejst med rollespils- og sjæleflugtstropperne, hvilket har forårsaget mange kommunikationsfejl, der må have givet andre nogle mærkelige oplevelser.

-- o --

Jeg har altid været tilhænger af, at disciplineret opdragelse er en nødvendighed for at opnå resultater. Derfor er det ekstra chokerende at opdage, hvordan følelser, skjulte forventninger og negative betragtninger uden kontrol har hersket i

mit sind, og dermed skabt holdninger, jeg ikke anede eksistensen af, og som er indgået i mine rollespilsmønstre, og har styret en stor del af mit liv.

-- o --

At være konfronterende til stede er ikke nyt for mig. Specielt ikke når jeg er alene. Det nye for mig er at være til stede og konfrontere mig selv. Det er også nyt for mig, at være konfronterende til stede i selskab med andre, og opleve hvordan de reagerer på min kommunikation.

> Ansvarlighed - er
> at tage stilling,
> være en del af processen,
> række ud efter
> og nå det,
> det drejer sig om!

Den ansvarlighed har jeg stort set aldrig ejet. Jeg har altid tænkt, hvis jeg yder mit bidrag, og for et syns skyld lidt til, så kan jeg have god samvittighed. I hele mit ægteskab har min kone båret ansvaret alene. Min reaktion på hendes forslag var af denne karakter:
- Det kan vi godt, hvis du synes.
Arbejdssituationer, familie og venner blev klaret efter samme recept.

> Husligt arbejde
> er ikke noget, man laver
> for at aflaste konen,
> det er en del af familielivet!

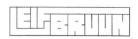

At være i øjenhøjde, er et stort problem for mig. Jeg har altid kæmpet for at blive den største. Var det ikke muligt, lavede jeg mig i stedet helt lille. I de sidste dage har jeg ved flere lejligheder været i øjenhøjde. Det er en stor oplevelse - som at koble to hjerner sammen og udnytte de fælles kapaciteter til at nå nye mål.

-- o --

- Jamen, er der da noget, du synes jeg er go' til? spurgte Martin undrende.

Jeg kunne kravle i et musehul, sådan ramte det. Det var min egen søn, der var i tvivl om, at jeg synes, han er noget særligt. Jeg havde lige rost ham for noget, han havde repareret på en knallert.

Jeg har altså haft så travlt med at have ambitioner på hans vegne, at jeg har glemt at rose ham.

-- o --

Jeg træner sammen med Niels. Han er omstændelig og gør sig totalt hjælpeløs. Jeg harmes. Det er mit eget indre, jeg spejler i ham. Det er chokerende at erkende, at min psyke løber om hjørner med mig på samme måde.

-- o --

- Nåh, hvor er det synd for dig, sagde Kirsten sarkastisk.

Jeg havde lige fortalt om min arbejdsløshed. Det gør ondt at blive afsløret sådan.

-- o --

Jeg opdagede pludselig min egen behagesyge, mens jeg snakkede med Stig i telefonen.

-- o --

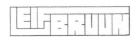

Når jeg kigger ud af vinduet fra min nye lejlighed, kan jeg se nogle bygningshåndværkere. Det dæmper min indre uro at gøre nogle nedvurderende betragtninger om dem:

- - Holder de nu pause igen!
- - Er de ikke kommet længere!

-- o --

Jeg ved stort set ikke, hvad det vil sige at have hovedpine mere. Ligeledes er den pludseligt opståede tunge søvnighed efterhånden en by i Rusland.

-- o --

En af mine hobbyer har været at gå rundt og samle selvforherligende skjulte betragtninger. Dvs. jeg går rundt og fantaserer om, hvordan andre mennesker falder på halen af bare beundring for mine fantastiske menneskelige egenskaber. Når jeg så med den holdning møder andre mennesker, forsøger jeg at leve op til dette billede af mig selv. Det lykkes det selvfølgelig ikke engang at overbevise mig selv om, er rigtigt. Så når sandheden bliver for påtrængende, bliver jeg i stedet nødt til at drukne mig i blokeringer og fortrængninger for at holde det ud.

-- o --

Jeg er også opmærksom på, jeg skal have rettet op på en miljøskade, der hedder: Lad ikke fremmede se dig, som du er!

-- o --

Jeg må tidligere i mit liv have misbrugt mit sind alvorligt, siden det laver så mange forhindringer for mig. Lige nu tænker jeg meget over, at angst og nervøsitet vender jeg indad og fortrænger i håb om, at det så forsvinder af sig selv. Men

- at leve livet levende   *165*

nu ved jeg, at det bliver siddende derinde og laver knuder
med spændinger, hovedpine og indadvendt adfærd til følge.

-- o --

Jeg har altid betragtet tjenere som overlegne, fordi jeg har
så svært ved at fange deres opmærksomhed. På film knipser
helten bare med fingrene og vips, så står han der. Nu har jeg
fundet ud af, at problemet ikke skyldtes tjenerne. Men at jeg
af blufærdighed slår øjnene ned, når de kigger i retning af
mig. Med det resultat at jeg kun kigger efter dem, når de er
optaget af noget andet.

-- o --

Projekt automatisk dørlukker:
    Jeg ejer den kvalitet at kunne konfrontere et praktisk pro-
blem, finde løsningen og gennemføre den:
1. Jeg er ikke god til at anerkende mig selv for det.
2. Jeg har et ønske om at være interessant. Dvs. jeg lavede
    også dørlukkeren for at opnå andres anerkendelse.
3. Jeg har et rollespil, der aktiveres ved irettesættelse.
4. Det er ikke altid, det lykkes mig at lukke mit eget rum
    og bevare det frie valg.
5. Det er ikke altid, jeg lader andre have deres tidslinje.
    Da der så kom en forbi, der ikke anerkendte min dørluk-
kerløsning, ramlede min verden sammen, og jeg blev så ked
af det.

Det drejer sig om at være interesseret
frem for at gøre sig interessant!

Jeg har nogle helt fundamentale behov for at være sammen
med andre mennesker på en intim og venskabelig måde.
Problemet er bare, at ingen andre må vide det!

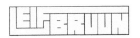

I dag har jeg ikke den tryghed, jeg havde tidligere
med kone, børn, hus, have, bil, fast arbejde
og pæne indtægter med mulighed for lidt opsparing.
Nu har jeg mig selv.
Det havde jeg til gengæld ikke tidligere!

Jeg føler mig usikker, når andre overtager styringen og der-
med kontrollen: Instruktører, chefer og andre, der taler <u>til</u>
mig. Det medfører, at jeg pludselig bliver meget tung og
træt.

-- o --

Fysiske præstationsmål har jeg altid været verdensmester i
at opstille og stædigt forfølge til de nås. Psykiske mål for
mig selv og mit liv, har jeg altid været verdensmester i at
undgå at tage stilling til.

-- o --

Mit første psykiske mål
\- at leve livet levende,
udviklende og kærlighedsrigt
i medgang såvel som i modgang,

opstillede jeg for nogle år siden. Målet indeholder en masse
delmål. Mange har jeg nået, og nogle mangler endnu. Det
mest ubehagelige for mig er, at jeg ikke har overblik over,
hvilke delmål jeg mangler. Dvs. hver gang jeg når et nyt
delmål, tror jeg, det er det endelige og bliver høj. Når jeg så
senere opdager, det kun var et delmål, bliver jeg flad.

- at leve livet levende   *167*

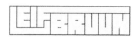

> Sjælen er mit inderste væsen.
> Sjælen gør livet levende.
> Sjælen har en krop og et sind.

Når jeg er i dårligt humør, trækker jeg mig ind i mig selv og mister lysten til at være sammen med andre. Hvis jeg alligevel tager mig sammen og går ud blandt andre, virker jeg tung, træt og indesluttet. I godt humør befinder jeg mig fint med at være udadvendt.

Da jeg ikke kan lide at blive opfattet som indesluttet, er jeg sommetider mere udadvendt, end jeg orker. Herved bliver det hele anstrengende, humøret falder og den nedadgående spiral er i gang.

-- o --

Tidligere var jeg altid træt og deprimeret, når jeg var sammen med andre mennesker. Forinden skulle jeg tage mig sammen og sætte mig op til det. Som regel gik det godt i starten, men ret snart blev der trykket på en af mine knapper. Så blokerede jeg, blev træt og ked af det. Som følge af dette, var jeg mange gange i løbet af en dag nødt til at være alene med mig selv.

> Min sjæl er mit inderste væsen.
> Den er kernen i mig.
> Den er mit jeg.
> Den er den, jeg er.

- Hvad er din egen opfattelse af dig selv som lille? spurgte psykologen.
Spørgsmålet kom helt bag på mig. Alligevel faldt svaret uden tøven:

- En lille snottet unge der ustandselig græder over ingenting, og som tavs og indesluttet af bare generthed gemmer sig bag mors skørter.

Først mange år senere   af mig selv, der har dannet grundlaget for mit liv.

-- o --

Rollespils-rollespil: Jeg er overbevist om, jeg har et rollespil, der reagerer på andres rollespil. Jeg opdager lynhurtigt andres rollespil og reagerer kraftigt inde i mig selv. Det forklarer mig så også, hvorfor jeg bliver handlingslammet overfor bestemte personer.

-- o --

Frem og tilbage er lige langt. Jeg har lige opdaget, at mit styringsbevarende-rollespil frit og frejdigt benytter min nyerhvervede kvalitet *god øjenkontakt* til at nedstirre andre.

Desuden troede jeg, at mit selvforherligelses-rollespil var uddødt, men også det har jeg taget på fersk gerning flere gange i den sidste tid, så det må være vendt tilbage igen. Eller sandheden er, at resterne af det har været der hele tiden, det er bare mig, der først kan se det nu.

Begge ovennævnte forhold passer fint ind i mit de-kan-ikke-li'-mig-rollespil, og så kommer misfølelserne.

-- o --

I den sidste tid har jeg i selskab med andre flere gange oplevet en pludselig forlegenhedsfølelse, jeg ellers ikke har haft, siden jeg var barn. Forklaringen er den, at jeg ubevidst har stillet mig frit frem uden mine gamle overfrakker. Er pludselig blevet bevidst om det og har tænkt:
- Gud, de kan se mig, som5 jeg er.

-- o --

Ih-hvor-går-det-godt-rollespil: I dag er første gang, jeg kon-
fronterer at dette i mange situationer tager styringen fra
mig. Mange gange får jeg i overstadighed sagt eller gjort
nogle ting, jeg ikke selv har besluttet mig for. Kommer der
så et modspil, er jeg ikke hjemme til at tage imod.

> Det er en mærkelig fornemmelse
> at tage sig selv i
> at være overstrømmende lykkelig
> og så opdage,
> at det er uden hold i virkeligheden!

Jeg synes, jeg har haft et godt og spændende samarbejde
med Henriette. Kammeratligt, fortroligt, venligt og at vi har
hjulpet hinanden. Jeg tror, hun har oplevet det helt anderle-
des. Hun prøvede at undgå mig, var utryg, usikker og følte
jeg dominerede hende.

-- o --

Skrivefejls-rollespil: Det har ofte været et problem for mig,
at forstå kursusmaterialet. Tre ting er, at det er svært tilgæn-
geligt stof, lange indflettede sætninger og en anden opbyg-
ning, end jeg er vant til. Tre andre ting er, at der er mange
sjuskefejl, ufuldstændige forklaringer og dobbelte forståel-
ser.

Noget helt syvende er, at dette irriterer mig så meget, at
jeg begynder at analysere sætningerne for at bevise, at min
irritation er berettiget - alt mens jeg glemmer mit mål.

-- o --

Jeg er hurtigt opfattende og har en højt udviklet evne til at
konfrontere et emne og rumme det. Men er jeg påvirket af
misfølelser, bliver jeg anspændt, ude af stand til at konfron-
tere noget som helst og forstår ikke en skid.

Skriget-efter-anerkendelse-rollespil: Da jeg ikke kan aner-
kende mig selv, er jeg altid sulten efter andres anerkendelse.
Kommer den ikke af sig selv, må jeg ud og falbyde mig, ved
at gøre mig interessant - gøre mig billigere og billigere.
Lykkes det alligevel ikke, må jeg lade de-kan-ikke-li'-mig-
rollespillet overtage styringen for at holde det ud.

-- o --

Kan-man-ikke-hævde-sig-selv-på-andre-måder-kan-man-
som-regel-klare-det-ved-at-nedgøre-andre-rollespil: Jeg
troede det var en adfærd, jeg for længst var ude over. Pro-
blemet er bare, at den ubevidst sniger sig ind igen. Inden for
de sidste dage, kan jeg på stående fod vedkende mig føl-
gende situationer:

- Henriette trak sig fra mig flere gange.
- Gerda reagerede, da jeg introducerede nogle øvelser for
  hende.
- Jeg fangede Bjarke i at være uopmærksom.
- Jeg nedgjorde kursusmaterialet for at være sjusket.
- Jeg nedgjorde Inger Maries definition på ordet gevinst.
- Jeg påpegede en fejl i en genkaldelsesliste.
- Jeg nedgjorde Bjarkes måde at være instruktør på.

Ovenstående er ikke at tillade andre væren. Dybest set ved
jeg godt, hvornår jeg nedgør andre. Det er nemlig derfor,
jeg har så mange forstyrrende tanker - de dukker hele tiden
op for at fortælle mig det.

> Spontane tankers opståen
> skyldes henlagte,
> uafsluttede kommunikationssløjfer!

Løbe-væk-fra-det-hele-rollespil: Det, at jeg har nogle ikke-
forståelser omkring min egen adfærd, gør, at jeg ofte skjuler

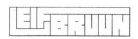

mig ved at lade tankerne løbe af med mig. Herved kan jeg
på et øjeblik blive fuldstændig træt og uoplagt. Da dette er
utilfredsstillende, bliver jeg lidt trykket, finder på snedig vis
ud af at give andre skylden og kan på den måde få følelsen
af at hævde mig selv. Herved får jeg det lidt bedre igen.

  - Smart ik'!

-- o --

Da jeg af gammel vane ikke er go' nok, prøver jeg på at
gøre mig interessant, for at andre ikke skal opdage det. Her-
ved bliver jeg så selvoptaget, at jeg ikke hører, hvad de si-
ger. Når det går op for mig, bliver jeg irriteret på mig selv,
lytter koncentreret og hører hvert eneste ord, der bliver sagt.
Problemet er bare, at jeg så ikke er i stand til at sætte ordene
sammen.

> Man kan være så koncentreret om
> at være tilstedeværende,
> at man bliver så selvoptaget,
> at man kommer til at virke fraværende!

Nu kender jeg min vrede, når den uden ydre årsag kommer
op i mig og forhindrer mig i at tillade andre væren. Når jeg
misfølelsesmæssigt kommer i klemme og ikke kan komme
på plads igen, bliver jeg helt desperat indvendig. For at
komme af med disse overskudsenergier, lader jeg så dette -
i min fejhed - gå ud over andre, ved at finde noget, hvor jeg
mener at have sikre beviser.

-- o --

Når jeg er i balance med mig selv - uden aktiverede rolle-
spil, er mit humør stigende. Men i plushumør laver jeg selv-

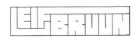

forherligelser, hvorved jeg hurtigt render ind i nogle neder-
lag, der sætter mig i minushumør. I minushumør stiver jeg
mig selv af ved at nedvurdere andre. Herved forbedres mit
humør igen, men jeg opbygger samtidig en masse inde-
stængt vrede og bitterhed. For at komme i balance igen, må
jeg så finde nogen til at aftage mine aggressioner.

-- o --

Jeg har svært ved at afgive styring. Det mærker jeg som en
klump i halsen, når jeg skal svare på konkrete spørgsmål op
til en enetime. For at dulme dette, prøver jeg at blande mig
så meget som muligt og laver mine egne regler. Når jeg så
bliver afvist for at blande mig, aktiveres mit de-kan-ikke-
li'-mig-rollespil.

Personlig ansvarlighed - er
villigheden til at være sig selv!

For at undgå ovennævnte personlige ansvar indretter jeg
min adfærd efter, hvordan jeg forventer, at andre opfatter
mig. Heraf kommer mit problem med at sige noget, hvis der
er flere personer til stede.

-- o --

Mit liv sammen med andre har været en lang kæde af brud.
Kun i glimt har jeg oplevet at have et udviklende samspil
med andre. De billeder andre har af mig, må være selvfor-
herligende, arrogant, kold og død. Der ligger ingen bitter-
hed i disse betragtninger, blot erkendelse.

-- o --

- at leve livet levende   *173*

Hvis man har haft et tab, er sorg en udmærket tilstand at befinde sig i, fordi det er herfra man konfronterer og erkender tabet. Der er først grund til bekymring, hvis man kommer ud af sorgen vha. selvforherligelser og selvretfærdiggørelser!

-- o --

Hjælpeløsheds-rollespil: Jeg havde et lignende brud lige før, og som jeg troede kom fra uretfærdigheds-rollespil, men det gør det ikke. Jeg kan mærke, det hænger sammen med brud fra mine drengeår:

- Bundet fast i et tørrestativ
- Fastlåst til en stolpe i skolegården
- Fanget i en sovepose.

Det er første gang, jeg genoplever fysisk betonede hændelser. Egentlig er det en følelse af klaustrofobi.

-- o --

Jeg ønsker at ændre den holdning, at jeg opfinder en konflikt med andre, for at undgå at tage en konfrontation med mig selv. Fx var et styringebevarende-rollespil ved at have tag i mig lige før, pga. nogle ting Jenny sagde. Først bagefter fandt jeg ud af at tillade hende væren og tage ansvar for min egen opfattelse.

-- o --

Det er mærkbart, at jeg har fået mere fred i hovedet, end jeg har haft før. Især under nutidsøvelserne mærker jeg det. Der er meget færre tanker, end der plejer at være, hvilket på en positiv måde smitter af på de andre øvelser. Jeg kan også mærke det, når jeg går rundt for mig selv som en større stilhed og ro - og som en større bevidsthed om at holde mig til mit mål. Helt tydelig mærker jeg forskellen i en større lyst til at læse. Den har ellers været væk i lang tid.

-- o --

Man-fylder-livet-med-kommunikation-og-gemmer-sig-bag-den-rollespil: Hvor kender jeg mange, der har dette rollespil. Da jeg har et rollespils-rollespil, der reagerer på andres rollespil, har det utallige gange betydet, at jeg bliver mundlam. Hermed er min relative tavshed blevet larmende og åbenlys for enhver. Hvorefter jeg drukner mig i kedafdethed.

-- o --

- Er du egentlig klar over, hvor meget du ved om dig selv? spurgte Jenny.
    - Næh, det har jeg ikke tænkt over, svarede jeg.

-- o --

Skrækken-for-afvisning-rollespil: Uroen har været i kroppen på mig i flere dage, fordi jeg i morgen skal på weekendtræf. Jeg sad og tænkte over det, da ordene *skrækken for at blive afvist* kom op i mig. Samtidig reagerede jeg kraftigt, og levede mig ind i situationen, hvor jeg som 3'årig sidder på min fars fod. Jeg tror, vi leger sammen, men pludselig opdager jeg, at han er irriteret og bare ønsker, at jeg skal lade ham være i fred.

-- o --

Mit præstations-rollespil bliver aktiveret allerede inden, jeg skal være sammen med andre. Idet jeg forbereder mig på, hvordan jeg kan præstere noget, så andre vil anerkende mig. Indledningsvis lykkes det som regel at sige noget sjovt som andre griner af, men hurtigt opdager jeg, at det virker anstrengende og holder op igen. Hermed kan jeg så ikke leve op til mit præstations-rollespil, falder sammen, bliver tavs, uoplagt og søvnig.

- at leve livet levende   175

Præstations-rollespil var udpræget i weekenden. Det var noget med, at jeg følte andre kom for tæt på. Resultatet var, at i de efterfølgende 2 dage sad nerverne udenpå tøjet, inden jeg igen blev mig selv. Faktisk er jeg kun mig selv, når jeg er alene, og når jeg præsterer noget.

Det er nemt nok at forstå præstations-rollespillets opståen. Tidligere var jeg ikke god til at anerkende mig selv. De eneste anerkendelser, jeg var i stand til at modtage, var, når jeg havde præsteret noget. Når andre glædede sig til fester og sammenkomster, drejede det sig for mig om, hvordan jeg fik mig sat op til at præstere noget, så de andre ikke opdagede, at jeg ikke var go' nok.

> Hvordan kan du forvente,
> at andre skal holde af dig,
> hvis du ikke engang selv kan?

Man-må-ikke-fylde-noget-rollespil: Af skræk for at andres øjne rettes kritisk på mig, tør jeg ikke kræve min ret og vil hellere lade stå til. I forsamlinger tager jeg ikke ordet, og på restaurant klager jeg ikke over maden af angst for at dumme mig i andres påhør, fordi alle skal tro noget pænt om mig. Når jeg var syg som dreng, sagde min mor:

- Det er ingen sag, når du er syg, du ligger bare lige så stille og passer dig selv.

-- o --

Man-må-ikke-fylde-noget-rollespil: I søndags øvede jeg 2 gange med Louise. Under ingen af forløbene lykkedes det mig stort set at være til stede. Derimod blokerede jeg og sad hjælpeløs og kunne ikke gøre brug af mine kvaliteter. Jeg blev irriteret på mig selv og kørte nedad i humør.

Det var Louises skyld. Hun fylder utrolig meget, og det
må man ikke i følge mit rollespil!

Jeg har aldrig turdet præsentere hverken venner eller kæ-
rester derhjemme. Der var så mange formaliteter, når der
var noget med fremmede. Vi skulle gøres fine og opføre os
helt anderledes, end vi plejede.

- Der er altid noget galt, når familien skal i skoven!

-- o --

Jeg kender til 3 skæringspunkter i mit liv:
- Den 1. maj, da jeg besluttede, at nu er det nok.
- Da jeg var 22 år og besluttede mig til at læse til maskin-
  mester for at præstere noget.
- Da jeg var 4 år og besluttede, at jeg aldrig mere ville
  græde og tale til mine forældre.

Jeg føler, jeg altid har kendt den beslutning, jeg tog som
4'årig. Men det er aldrig lykkedes mig at *se* den, og det
kunne jeg heller ikke i enetimen lige før, selv om jeg sad i
følelsen og blokeringen i lang tid. På et spørgsmål om jeg
følte vrede, eksploderede det nærmest inde i mig, og jeg
kunne se hændelsen, og føle vreden mod mine forældre,
fordi de kun ville tale til mig og ikke med mig. Jeg oplever,
hvordan de tydeligvis bliver irriterede, fordi jeg græder, og
hvordan de prøver at aflede min opmærksomhed, hvorved
det hele bare bliver endnu værre.

Efter den erkendelse forsvandt blokeringen, og jeg har
ikke set den siden.

-- o --

Som altid når noget slipper mig, dukker der straks noget nyt
op: Hvorfor gik jeg rundt og var vanvittigt forelsket i Nivi.
Og hver gang jeg gik over i køkkenet for at tale med hende,
endte det med, at det var Annette jeg talte med. Dette møn-
ster har jeg oplevet utallige gange før.

- at leve livet levende   177

Kl. 5 i morges vågnede jeg og kunne se, at denne vanvittige forelskelse, var et spejle-rollespil, der hænger sammen med beslutningen om ikke at græde / tale, som jo er det samme som at sige, at jeg må ikke vise følelser. Her er så forklaringen på, at jeg blokerer overfor de mennesker, jeg føler noget for. Mine følelser for Nivi skyldes altså spejlinger af mig selv i form af reserverethed og at trække sig. Efter denne erkendelse slap blokeringen mig, og jeg sov videre.

Flere gange i dag har jeg gået rundt om Nivi og haft nogle gode samtaler med hende. At hun er en sød pige, jeg føler for, er for så vidt en anden historie.

-- o --

Det har chokeret mig flere gange i de sidste dage, at jeg blev så irriteret og nærmest ond på Niels' hjælpeløshed og tusinde undskyldninger for ikke at tage sig sammen. Nu kan jeg godt se, at det er mit spejle-rollespil. Det er min egen indre hjælpeløse adfærd, jeg spejler!

-- o --

Jeg har længe vidst, at mine hurtige og smarte bemærkninger, skyldes et behov for at være interessant. Nu ved jeg tilligemed, at de også er en barrikade, jeg gemmer mig bag.

-- o --

Skrækken-for-afvisning-rollespil sidder stadig dybt i mig. Jeg mærker det især, når jeg henvender mig til andre og derved gør opmærksom på min person:

• Byder op til dans.
• Tiltaler én, der betyder noget for mig.
• Siger: - det vil jeg gerne.

Angsten sidder så dybt i mig, at når jeg prøver at gøre mig større end rollespillet, kommer jeg til at ligne en trage-die i ansigtet. Hvorved resultatet oftest også bliver det.

-- o --

Kære Jenny (...) Jeg har indtryk af, at mine solo traumefor-løsninger ikke er nogen helt almindelig foreteelse, så jeg vil prøve at beskrive nærmere, hvordan det opleves: I de sidste par måneder har jeg været meget aktiv med at lave drama, sang, folkedans, foredrag og undervisning. Det var jo alt sammen noget, der kunne aktivere mine rollespil som et helt festfyrværkeri. Med det resultat at jeg efterfølgende blev besat af en indre uro og rastløshed med irritation til følge. Det var som om min underbevidsthed ville fortælle mig no-get, jeg ikke kunne få fat i. Når jeg lagde mig på ryggen, lukkede øjnene og fastholdt min tilstedeværelse, skyllede følelserne ind over mig. Jeg blokerede fuldstændig og alle mine muskler spændtes, især lænde- og lårmuskler. Man kan ikke kalde det muskelkramper, for jeg kunne sagtens komme ud af tilstanden. Hvis fx telefonen ringede, kunne jeg gennemføre samtalen og gå tilbage og fortsætte, hvor jeg slap. Uanset hvor langt nede på tidssporet jeg var, kunne jeg til hver en tid gå op og have nutidige tanker.

Denne blokerede tilstand med muskelspændinger kunne vare fra 10 minutter til over 1 time. Så kom jeg igennem og slappede fuldstændig af. Pludselig kunne jeg se, hvad det var for en hændelse, der tidligere på dagen havde fremkaldt denne misfølelse, og hvad rollespillet hed.

Ved at holde koncentrationen på denne hændelse og kon-frontere den, gennemskylledes jeg af bølger af muskel-spændinger, men uden blokeringer. Derimod blev der ud-løst nogle energier og løst op for noget rent fysisk.

På et tidspunkt opløstes hændelsen, og misfølelsen for-svandt næsten helt, men kun for et kort øjeblik, så kom den

tilbage igen med fornyet styrke. Herefter opstod en ny blo-
kering med muskelspændinger, indtil det næste billede duk-
kede op længere nede på tidssporet. Således fortsatte det
længere og længere ned ad tidssporet. Umiddelbart inden
det tidligste billede på kæden dukkede op, kunne jeg flere
gange høre, hvordan det knitrede inde i hovedet. Faktisk
lige som når det bobler i en tilstoppet næse.

Efter jeg kom igennem den sidste kæde, har jeg haft en
dejlig afklaret indre ro, ligesom jeg oplevede det for 1 år
siden. Samtidig kan jeg mærke, jeg er kommet til et nyt trin
i min udvikling:

- I visse situationer kan jeg føle mig nøgen.
- Jeg opdager nye grader af selvforherligelser og *se mig
  nu*.
- Jeg kan høre, når min stemme bliver forvrænget. (...)

-- o --

Når mine meninger og holdninger møder modstand, fyldes
jeg af skyldfølelse og kedafdethed, som får mig til at lave
skjulte betragtninger og nedvurderinger. Når jeg opdager
det, bliver jeg fyldt med irritation, vrede og uro.

-- o --

Den skelsættende dag, hvor en boksekamp i fjernsynet væk-
kede en følelse i mig, jeg med det samme var klar over, var
forskellig fra, hvad jeg tidligere havde haft fat i, fordi det
var en ren fysisk smerte uden mindreværdsfølelser, vil altid
stå for mig som D-dagen i mit liv.

Hermed er vi fremme, hvor jeg begynder at køre primær-
kæden ud. Det væld af selverkendelser den medførte, har
jeg tidligere beskrevet, så dem springer jeg over her. Erken-
delsen af, at det var en ulykke i min fostertilværelse, der var
årsag til mit traumefyldte liv, var en stor lettelse. Fra nu af
kunne jeg uden tøven se bort fra psykologers traditionelle

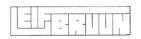

opfattelse af at et tilfælde som mig, måtte skyldes omsorgs-
svigt i den tidlige barndom. For ingen - hverken mine for-
ældre eller andre - havde mulighed for at nå mig.

Først da jeg som sjælsperson erkendte, at jeg havde en
personlig brist og rakte ud efter hjælp, lykkedes det Vita-
fakta at få mig i tale. Dette er jeg Inger Marie, Pernille,
Jenny og alle de andre på livskvalitetscentret evig taknem-
melig for, det har kort og godt reddet mit liv.

-- o --

Når der er noget, der går mig imod, er jeg tilbøjelig til at
opsøge negative vibrationer. Især om natten laver jeg ube-
vidst mange negative betragtninger om alt vedrørende min
egen situation. Disse betragtninger giver energiophobnin-
ger som kedafdethed, indadvendthed, forstoppelse og oppu-
stet mave. Det hele er selvforstærkende, og spiralen kører
nedad.

-- o --

Notater fra primærforløsningen: *Angst = rystesyge = krib-
lesmerter = tøj der kradser = fint tøj = socialt samvær.*

Angsten for socialt samvær fik mig altså til at tro, at det
var det fine tøj, der kradsede.

-- o --

Notater fra primærforløsningen: *Der er altid smerter fra 2
forskellige smerteområder, der optræder samtidigt. Det er
som om de er sammensvejste med et fælles center.*

Således opstod min teori om indestængte følelser. 2
smertesteder skaber et fælles smertecenter, der opsuger op-
mærksomheden og derved forhindrer at smerterne konfron-
teres.

-- o --

- at leve livet levende

Notater fra primærforløsningen: *Angst sidder rundt i hovedet, brystet, maven og forlårene. Vrede sidder i ryggen, lænden og baglårene.*

Placeringerne er ikke helt på plads endnu, men således opdagede jeg, at angst og vrede forplanter sig ud i hver deres muskelgrupper, og spænder dem til eller over bristepunktet. Angsten sidder forrest på kroppen, i testikler, alle led og endetarmen. Vreden sidder bagerst på kroppen, fra baghovedet og ned til baglårene.

Herved udvides min teori om indestængte følelser til, at angst og vrede kan udgøre ét af smertecentrene. Hvilket man oplever som om smerteintensiteten nedsættes.

-- o --

Lige når jeg får en ny opgave, laver jeg mange ubevidste negative betragtninger:

- • - Jeg gider ikke.
- • - Åh, er det nu dét igen.
- • - Er det bare dét.

Dette medfører, at jeg er træt, sur og irriteret, allerede inden jeg kommer i gang.

-- o --

Hvor har jeg ofte givet andre brud ved ikke at anerkende deres forklaring. I stedet afbryder jeg dem og sætter mine egne ord på, så det bliver mig, der gør forklaringen færdig. Dvs. jeg gør mig interessant vha. viden og argumentationsevne.

Nogle mennesker kan ikke få KONTROL nok.
De burde stave ordet bagfra!

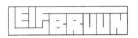

Notater fra primærforløsningen: *Faldt i sorte huller (tics), det er herfra, jeg har mine lynhurtige undvigelser. - Mange tics opleves som mareridtsklassikeren "at falde ud over en skrænt".*
- Bang, lød det inde i hovedet. Og så flygtede jeg ved at lave synkebevægelser! Bang = Tic. - Tics eller Bangs, jeg kan ikke kende forskel mere.

Her erkender jeg, at tics er små epilepsianfald, der opstår, når jeg slapper af og opmærksomheden uforvarende kommer ind bag barrikaderne. Og at *bang, bang* opstod, da kindbenene brækkede! For at skjule det efterfølgende kaos for andre, har jeg opfundet forskellige undvigelses-rollespil.

-- o --

Notater fra primærforløsningen: *Føler mig øm, radbrækket og sølle i hele kroppen. Samme smerter kender jeg fra influenza: øm, træt, dårlig og smerter i alle led. Det hele startede, fordi jeg skulle til folkedans.*

Her går det op for mig, at angstfyldte misfølelser mange gange i mit liv har overbevist mig om, at jeg havde influenza. Det har også altid undret mig, at influenzaen så ofte meldte sig, når jeg stod overfor noget udfordrende. Spørgsmålet er, om det ikke endte med at blive til influenza?

-- o --

Når mine angstfyldte traumer restimuleres, medfører de ofte - udover misfølelserne - en sammentrækning af musklerne i mave og underliv. Dette opleves som en knude i maven, der lukker for mavesækken og som en blokering af de nedre regioners lukkemuskler, der lukker for stort, vådt og luftigt. Resultatet af dette lukkede tarmsystem, er, at maven spiles op af de indespærrede gasser og går i stå. Dette medfører oppustethed og tissebesvær. Og hvis traumet er aktivt i længere tid også forstoppelse og ubehag med kvalme.

- at leve livet levende 183

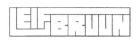

-- o --

Jeg lever med og engagerer mig i de mennesker, jeg er sammen med. Det kan så medføre, at jeg kan blive både vred, skuffet, glad og alt muligt andet. Og det har jeg det fint med, for

> det drejer sig om
> at være følsom
> uden at blive sårbar!

Rollespils-rollespil: Jeg erkender min ekstreme påvirkelighed i samvær med andre. Idet andres rollespil virker som en rød klud (spejl) foran mig:

Den hjælpeløse type: Jeg reagerer på denne hjælpeløshed med foragt, fordi den som et spejl, minder mig om min adfærd over for mig selv.

Den skabede type: Her spejler jeg mig i, at jeg har samme adfærd som mine forældre. Jeg skal være fortrolig med andres holdninger, inden jeg kommer med mine. Ellers nøjes jeg med smarte bemærkninger.

Den beregnende type: Her spejler jeg mig i, at jeg også bruger andre, når jeg har behov for at lede opmærksomheden væk fra mig selv.

-- o --

Judith spurgte, om jeg troede, at andre ville have glæde af at læse det, jeg skriver.

- Ja, svarede jeg uden videre.

- Det må være dejligt, at have så meget selvtillid, sagde hun.

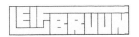

Det kunne jeg lige pludselig godt se, at hun har ret i. Det har jeg aldrig fået anerkendt mig selv for, så det gør jeg hermed:

Det er en god egenskab, jeg har. Når jeg først har besluttet mig for at gøre noget, kaster jeg mig ud i det, og bruger hele mit potentiale på at nå de mål, jeg har sat mig - frem for at lave alle mulige negative betragtninger.

Det er vigtigt at acceptere sig selv,
som man er.
Men det udelukker ikke
personlige ambitioner!

Jeg har fået fat på en ny ende omkring det at gøre mig interessant, idet jeg er blevet bevidst om, at jeg i bestemte situationer fylder mig med forventninger. Hvis de så brister, bliver jeg skuffet. Hermed dukker mit gammelkendte uretfærdigheds-rollespil op, og så kommer behovet for at gøre mig interessant.

Skuffelse - er
et resultat af forventninger!

Tidligere når jeg sad og følte mig trist og tung i selskabelige sammenhænge, kiggede jeg ofte med misundelse på dem, der havde det sjovt og hyggeligt. Mit mål blev derfor, at når jeg fik det bedre, ville jeg udvikle mig til et familiemenneske – en rigtig hyggeonkel.

Det mål kom jeg aldrig i nærheden af. Tværtimod er det gået den modsatte vej, så jeg efterhånden har meldt mig ud

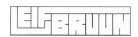

af alle selskabelige sammenhænge blandt både familie og venner.

Jeg har det simpelthen forfærdeligt med ordet 'hygge'. Det sidder dybt i mig, så det har sikkert meget med min barndom at gøre, at vi altid endte med at blive uvenner, når "vi skulle være fine" og "familien skulle i skoven".

Jeg er ude af stand til at hygge mig. Min hjerne kan ikke gå i tomgang. Jeg dur ikke til at fylde tiden ud med ligegyldigheder – eller hygge, for den sags skyld, det for mig er det samme. Alene tanken om at jeg skal sidde 'fanget' i 4 timer til et middagsselskab og hygge mig, kan ødelægge mit humør og velbefindende flere dage i forvejen – og bagefter såmænd også.

Det er selvfølgelig trist og ensomt, at jeg ikke kan fejre højtider og mærkedage med mine nærmeste. Men sådan er det bare. Det har taget et langt liv at erkende det.

Jeg forstår det ikke helt selv, for jeg har stort behov for at være sammen med andre. Jeg har også nemt ved at komme i kontakt med andre, have nogle vedkommende samtaler - og også vekslende med sjov og ballade. Men hvis jeg kan mærke, at det trækker ud til hyggesnak, og man bare fylder tiden ud med ord, man egentlig ikke mener noget med. Så får jeg pludselig en ubændig trang til at komme væk.

- at leve livet levende

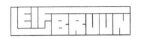

Løb for livet

Jeg har på mange måder levet et forhutlet liv.
Men jeg er godt tilfreds med det alligevel.
Ja, jeg er stolt af det.

Jeg har overlevet –
og levet det.

Jeg lever det stadigvæk.

Jeg er med i opløbet.
Det ender sgu med, jeg vinder!

- at leve livet levende

Ved forskellige lejligheder når jeg har fortalt om mit langvarige udviklingsforløb, har jeg ofte fået spørgsmålet:
- Har det været umagen værd at bruge så meget tid og energi på det?

Første gang jeg mødte spørgsmålet, blev jeg mundlam, for jeg havde aldrig tænkt det på den måde. Det har jeg så efterfølgende og svaret er meget enkelt:

I kapitlet *Livsforløb* skriver jeg, at "jeg var helt der nede, hvor der normalt kun er de udveje der hedder: alkohol, stoffer, psykiatrisk svingdørspatient og/eller selvmord." Dermed mener jeg, at det er 4 forskellige måder at afslutte livet på.

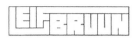

Vitafakta åbnede en dør for mig. Den mulighed tog jeg med taknemmelighed imod. Det blev en lang og besværlig vej, hvor der var mange andre døre jeg skulle kæmpe mig igennem – for at holde mig på livets vej. Og et udviklingsforløb foregår med to skridt frem og et tilbage. Det var hårdt, når det gik tilbage, men fremskridtene var det altafgørende.

Jeg kunne jo mærke, at jeg nærmede mig målet. Både min krop og mit sind åbnede sig, og jeg kunne deltage i livet på en måde, som jeg aldrig havde kunnet det før. Efterhånden blev jeg så rig, at jeg kunne vælge mellem flere døre for at komme videre. Det gjorde, at jeg også fik mulighed for at åbne døre for andre – og det er i sandhed berigende.

Hermed fik jeg skitseret de egenskaber, jeg sætter højest ved mig selv: Jeg har modet til at sætte mig et mål, og jeg har stædigheden til at forfølge det - og nå det. Jeg har også evnen til at erkende mine handicap og har dermed muligheden for at åbne de døre, der bedst hjælper mig videre. Derudover sidder jeg ikke og begræder mine mangler, men bruger i stedet mit fulde potentiale på at få det optimale ud af de døre, jeg har valgt at åbne.

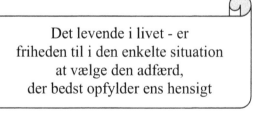

Det levende i livet - er
friheden til i den enkelte situation
at vælge den adfærd,
der bedst opfylder ens hensigt

- at leve livet levende